Werner Schneyder

KARRIEREN

oder Das letzte Drittel entscheidet

Erzählungen

K&S

WIEN · MÜNCHEN · ZÜRICH
Verlag Kremayr & Scheriau

ISBN 3-218-00674-0

Schutzumschlaggestaltung: Kurt Rendl
unter Verwendung eines Fotos von Lukas Beck, Wien
Satz: Zehetner Ges. m. b. H., A-2105 Oberrohrbach
Druck und Bindung: Wiener Verlag, Himberg bei Wien

Gesetzt nach den Regeln der neuen deutschen Rechtschreibung

INHALT

Karrieren

Der Center schälte sich aus seinem Panzer. Der Schweiß tropfte in den kleinen See zu seinen Füßen. Das Match war verloren. Die Eishockeymannschaft des Schweizer Erstligisten hatte damit die Meisterrunde verpasst. Von draußen hörte man noch vereinzeltes Pfeifen, Rufe wie „Scheißmillionäre!“, aber auch „Wir kommen wieder!“.

Die Saison war also zu Ende. In der Kabine war es ruhig. Der Trainer war gar nicht mehr im Raum. Ein amerikanischer Flügelstürmer tat noch so, als ob er sich kränkte, nannte den Hauptschiedsrichter einen „fucking bastard“, aber er klang nicht sehr glaubwürdig. Gerade die Cracks aus Übersee hatten während des ganzen Spieles nicht erkennen lassen, den auf dem Papier favorisierten Gegner auf heimischem Eis niederkämpfen zu wollen. Sie waren im Unterbewusstsein wohl schon auf dem Flug nach Hause, oder sie hatten – für den Fall des Ausscheidens – längst Vorverträge für Play-offs in Deutschland, Italien oder Österreich.

Der Center latschte unter die Dusche. Er wollte ganz lange drin bleiben, um sich einige der vielen Abschiede zu ersparen. Es waren zu viele gewesen. Saisonen, Klubs, Mitspieler. Alles tat ihm weh. Er hatte gegeben, was seinem 37-jährigen Körper noch möglich war. Zwei, drei entscheidende Sprints hatte er verloren, das wusste er. Einmal war er so knapp nicht an die Scheibe gekommen, dass die Wut unkontrollierbar wurde. Er rammte dem ihn abdrängenden Verteidiger den Ellenbogen ins Gesicht. Die anschliessende Prügelei bescherte dem Center eine Platzwunde über dem linken Auge. Drei Stiche ohne Narkose, zwei und zwei Strafminuten, und er war schon wieder auf dem Eis.

Wozu?, fragte er sich jetzt. Das ist doch alles schon sinnlos. Ich kann noch mitfahren. Das schon. Aber das Spiel an mich reißen, die anderen mitziehen, das geht nicht mehr. Morgen werden sie mir sagen, dass ich für die nächste Saison keinen Vertrag mehr bekomme. Das werde ich mir gar nicht anhören. Da bin ich schon weg. Die Restgage geht aufs Konto.

Er sah sich im Bad seines Hotelzimmers im Spiegel. Schön war das Auge nicht, aber dergleichen Anblicke waren ihm vertraut. Die Brückenpfeiler der letzten Zahnprothese hatten die Saison erstaunlicherweise unbeschadet überstanden. Es war keine Nachbesserung nötig.

Was noch anfangen mit der Nacht? Fortgehen? Auf keinen Fall. Womöglich an Theken Fans treffen, die ihm erklären wollen, warum es schief gehen musste? Nein, er hatte eigens das vom Klub bezahlte Hotelzimmer als Dauerquartier gewählt, als er vor drei Jahren hierher wechselte. Da war er autark, da hatte er jedes Service, Restaurant, Theke, Schwimmbad, Sauna, alles im Haus. Und auch den weiblichen Chef de Rang, der ihm auf diesem Kingsize-Bett schöne Momente beschert hatte.

Soll ich sie anrufen? Er verwarf die Idee. Sie würde von ihrem Chef, dem Hotelbesitzer und Mit-Sponsor des Klubs, längst von der Niederlage wissen, würde ahnen, dass es sich um ein letztes Mal handelte. Das konnte er nicht brauchen. Er kontrollierte die Minibar. Die vier Flaschen Bier müssten fürs Erste reichen, dachte er.

Das Telefon läutete. Der Anrufer war ein Spielevermittler.

„Ihr seid draußen, höre ich." Der Center bejahte.

„Pass auf, du kannst in der Saison noch gutes Geld verdienen. Ich habe dich einem deutschen Zweitligisten angeboten, der gute Chancen hat aufzusteigen. Die haben einen verrückten Fleischproduzenten an der Hand, der noch einen Stürmer fürs Play-off bezahlt.

„Welcher Klub ist das?“, fragte der Center.

„Der EC Stadtlingen.“

Bilder tanzten vor seinen Augen, als wäre er mit dem Kopf voran in die Bande gefahren. Stadtlingen. Seine Heimat. Dort, wo alles begonnen hatte. Wo er nach dem Abitur vor der Frage stand: Studium oder Eishockey-Profi? Wo sie ihm damals einen Dreijahresvertrag angeboten hatten, der den 20-jährigen zum wohlhabenden jungen Mann machte. Wo er Idol der eishockeyverrückten Studentinnen und Studenten war, denn Stadtlingen hatte immerhin eine Universität mit einigen Fakultäten. Sein Stadtlingen, wo die Lichter schwingenden Fans Tränen in den Augen hatten, als er sich verabschiedete, um den Angeboten aus den ersten Profiligen zu folgen. Jenes Stadtlingen, wo er die Reise begonnen hatte, die jetzt zu Ende ging.

„Natürlich mache ich das“, sagte er dem Agenten. „Weißt du übrigens, dass ich dort angefangen habe?“

„Hab ich ganz vergessen“, kam die Antwort.

Der Center öffnete die vierte Flasche Bier. Im Fernsehen lief Wrestling ohne Ton. Ich werde *meinen* Klub hinaufschießen, dachte er. Und sah sich übers Eis flitzen wie damals, zehn Kilo leichter. Erinnerte sich an die leuchtenden Augen der schönen Fan-Artikel-Verkäuferin, als er sie ansprach.

Sie werden mich alle mögen. Sie werden es schön finden, dass ich zum Ende der Karriere ihnen noch einmal helfe.

Da fiel ihm ein: Wenn die wirklich aufsteigen, können die mir doch guten Gewissens keinen Vertrag mehr geben. Für ganz oben kann's doch nicht mehr reichen!

Wer sagt das? Er spannte die schmerzenden Muskeln am ganzen Körper an. Wer sagt das?

Dann schlief er vor dem laufenden Fernsehbild und bei brennender Zimmerbeleuchtung ein.

Der Schlaf war leicht und nicht friedlich.

Der Center stand in voller Eishockeymontur im Wrestling-Ring und schlug auf die grell geschminkten Wrestler ein. Aber die waren körperlos. Er schlug durch sie durch. Er konnte sie nicht verletzen. Das machte seinen Erschöpfungsschlaf noch unruhiger.

Der Architekt hielt eine kleine Rede. Er hatte seine weiblichen und männlichen Mitarbeiter im Zentrum des schicken Ateliers versammelt, hatte Champagner – ausdrücklich *Champagner* – und eine riesige Meeresfrüchteplatte mit Baguettes kommen lassen und hielt jetzt das Glas in der Hand. Die Mühen hätten sich gelohnt, die Leistung aller sei untadelig gewesen, der erste Platz bei dieser Ausschreibung sei ein riesiger Erfolg, allerdings, das müsse dazugesagt werden, auch ein lebensnotwendiger, denn sonst hätte das Architekturbüro mit diesem personellen Aufwand nicht mehr weitermachen können. Nun sei aber keine Zeit mehr an graue Gedanken zu verschwenden, nun gelte es nur mehr zu feiern.

Lässig gestylte junge Menschen stießen miteinander an. Das Ambiente des Ateliers passte zu ihnen und sie zu ihm. Sie sahen so aus, als hätten sie sich selbst als Dekoration dieses Raumes entworfen. Mancher Blick streifte noch einmal das in der Raummitte aufgebaute Modell. Es gab den einen oder anderen Kommentar. Heitere Vermutungen wurden angestellt, warum die Jury nicht umhinkonnte, diesen Entwurf an die erste Stelle zu reihen. Wer von unserem Team kann überhaupt Schlittschuh laufen?, wurde gefragt.

Das Modell zeigte ein Eisstadion. Zwei, in eine große geteilte Halle eingebaute, von Tribünen gesäumte Eisflächen, mit zugeordneten Umkleidekabinen, VIP-Raum, Fan-Shop, Buffets und auch vermietbaren Konferenzräumen. Der Komplex war geschickt in die Umgebung hineingestellt, sodass auch reichlich Parkplätze vorhanden waren. Alles sah aus, als ob auszuschließen wäre, in dieser Halle jemals verlieren zu können.

Je ausgelassener die Stimmung wurde, desto melancholischer wurde der Architekt, ein schmaler, nerviger Typ, 37 Jahre alt. Er fühlte sich, wie sich Menschen häufig fühlen, die eine schwere Prüfung bestanden haben, erleichtert und doch leer und zerschlagen. Er hatte in diesen Wettbewerb viel investiert, hatte Schulden gemacht, es war ihm, dem sie immer höchste Begabung zugestanden hatten, zu blöd geworden, Villen zu modernisieren oder Ideen reicher Privatleute umzusetzen. Er wollte aufsteigen. In die erste Liga. Und so hatte er von sich verlangt, die Ausschreibung der Eishalle für seine Heimatstadt Stadtlingen zu gewinnen. Er wusste natürlich, warum er zu dem Wettbewerb überhaupt eingeladen worden war. Ein wichtigtuerischer Sportreferent der Stadt hatte in einer Auschusssitzung gefragt, ob man denn vergessen habe, dass das einstige große Tormanntalent des EC Stadtlingen Architekt geworden sei, schon während des Studiums mit mehreren Stipendien aufgrund hervorragender Leistungen ausgezeichnet. Zuletzt habe er die Villa des bekannten Seifenproduzenten gebaut, er sei in der Illustrierten sogar an der Seite dieses Mannes abgebildet gewesen.

Die Mehrzahl der im Stadtparlament vertretenen Parteien hatte sich von dieser Information beeindruckt gezeigt und der Einladung zur Beteiligung am Wettbewerb zugestimmt. Gestandene Stadtpolitiker konnten sich noch an den katzenartigen Goalie erinnern, denn es war in Stadtlingen seit eh und je für Politiker undenkbar, sich nicht beim Eishockey blicken zu lassen und mitzureden.

Der Architekt besah sich die ausgelösten Krevetten in dillgewürztem Öl, bekam Appetit, verspürte aber gleichzeitig Magenschmerzen. Er stellte den Teller wieder ab, ohne etwas genommen zu haben.

Ich habe genug fressen müssen für diesen Auftrag, dachte er sich. Bekannte aus Stadtlingen hatten ihm von Anfang an gesagt, es sei unerlässlich, sich um den Verlauf der Vergabe zu kümmern. So fuhr er hin in seine ungeliebte Geburtsstadt, besuchte seine Eltern, die ihm versicherten, wie sehr sie sich freuten, dass ihr Sohn zum Wettbewerb eingeladen sei. Sie ließen ihn allerdings auch wissen, es wäre doch eine arge Schande für sie, würde er ihn nicht gewinnen. Der pensionierte Gymnasialprofessor zeigte ihm in väterlicher Obsorge eine aufgehobene Zeitungsseite, die einen von einem deutschen Architekten entworfenen Wolkenkratzer in Chicago abbildete.

Und da waren noch die Abendessen mit dem Bürgermeister, den Vertretern der Opposition, den Journalisten, die Teilnahme am Stadtball, der Tanz mit der Frau Bürgermeister, die er so charmant wie möglich anlächelte, obwohl er auf ihren Beckendruck schon aus optischen Gründen keinerlei Wert legte. Er hatte mit allen und jedem geredet, von dem man ihm gesagt hatte, rede mit dem, das nützt. Er kam sich wie eine Nutte vor, aber er kämpfte verbissen.

Es war die Verbissenheit, die den Achtzehnjährigen ausgezeichnet hatte, als er im wichtigen Meisterschaftsspiel für die beiden verletzten Standardtorhüter nachrücken musste. Die kommen nach mir nicht mehr wieder, hatte er sich geschworen. Die Sportseiten sprachen von einem sensationellen Debüt, und eine Woche danach wurde ihm der Profivertrag vorgelegt. Er hatte um den Vertrag gekämpft.

Er hatte ihn haben wollen, unbedingt haben wollen. Er ahnte zwar vorher, er würde ihn nicht unterschreiben. Aber er wollte gewonnen haben. Jedes Mittel war mir recht, erinnerte er sich. Damals schon. Die Frau des Trainers war mir zu alt und zu versoffen, aber ihr Einfluss auf ihren Mann konnte nicht schaden. Recht geschah ihm, diesem Idioten, zwei Mann mussten wegen Verletzung ausfallen, damit er draufkommen konnte, wer hier der Beste ist. Die blöde Kuh hat mich dann nicht mehr gegrüßt, wie ich nicht unterschrieben habe. Wie wird sich das mit der Frau des Bürgermeisters regeln? Die hat mich mit den Juroren zusammengebracht, wo auch immer. Es war mit jedem Juror wie damals mit dem Puck. Wo der war, war ich.

Strich, wenn ich ehrlich bin, Strich.

Aber ich hätte es geschafft. Im Eishockeytor. Bis in die Spitze. Die Bürgermeisterin hätte ich mir erspart.

Eishockeyprofi, das hätte ich meinen Eltern nicht antun können. Aber nicht ungerecht sein. Ich wollte studieren.

Die Stimmung unter den Designten wurde ausgelassener. Einer hatte aus seiner Zeichentischlade einen CD-Player geholt. Die ersten begannen sich rhythmisch zu bewegen. Eine naturblonde technische Zeichnerin, für einen Ästheten unübersehbar langbeinig, kam auf den Architekten zu.

„Ich möchte dir persönlich sagen, wie ich mich freue."

Sie hatte keine Probleme, ihn links und rechts leicht zu umarmen. Um Gottes Willen, dachte er, kein blondes Haar auf dem Revers, meine Frau erwartet unser zweites Kind und ist hysterisch genug.

Ganz so einfach war das Abhauen des Centers nicht gegangen. Da er – als er um vier Uhr dringend Wasser lassen musste – gegen die Trockenheit noch ein Mineral und fünf Schnäpse trank, hatte er lange geschlafen. Dann hatte er sein ganzes Zeug in seine vier riesigen Sporttaschen gestopft, alles in den großen Kombi geworfen und war zum Frühstück gegangen. Dort belaberte ihn der Hoteldirektor: Welche Einkäufe Fehlkäufe gewesen seien, und was bei der nächsten Vorstandssitzung des Klubs dringend zur Sprache kommen müsse, und dass das Präsidium überaltert sei.

„Und wenn sie dich nicht verlängern", sagte der Hoteldirektor, „holen sie dich in einem Jahr wieder."

„Da habe ich schon aufgehört."

Der Center wischte sich Rührei aus dem Mundwinkel.

Dann telefonierte er doch noch mit dem Klubsekretariat, erklärte, dringend wegzumüssen und ersuchte, alles über die Agentur zu regeln.

Er wollte auch noch den weiblichen Chef de Rang grüßen lassen, aber er scheute sich vor dem Grinsen der Leute in der Portierloge, und was zu schreiben hatte er gar keine Lust.

Eine Welle von Zärtlichkeit kam in ihm hoch. In lange nicht mehr verspürter Intensität. Die hat nie von einer Zukunft gesprochen. Die hat nie Ansprüche angemeldet. Aber sie war auch nie zynisch, hat mir nie das Gefühl gegeben, es wäre nur das Bett. Die war einfach nur – ja, ich kann es nicht anders sagen – lieb zu mir. Warum bleibe ich nicht hier?

Entlassen?

Warum nehme ich sie nicht mit?

Wohin?

Nein, Flucht ist noch das Beste. Wortlose Flucht.

Jetzt saß er im Auto. Er fuhr langsam. Es hatte ein wenig geschneit. Bis zur Autobahn war Vorsicht geboten. Nach vierzehn Jahren wieder, oder besser: noch einmal Stadtlingen. Und dann? Den Center fröstelte. Er stellte die Heizung nach.

Was erwartete ihn in Stadtlingen? Nichts als Erinnerungen. Vater hatte es nie einen gegeben. Mit der Mutter hatte er, seit sie in den Norden geheiratet hatte, nur mehr wenig Kontakt. Seiner Exfrau hatte er die kleine Wohnung überlassen, die er seiner Mutter abgekauft hatte. Es war die Fan-Artikel-Verkäuferin, die mit ihm ins erste tolle Engagement gegangen war. Aber ihr Heimweh und seine Sympathie für weibliche Fans waren zu stark geworden.

Dann waren die großen Jahre gekommen. Spitzengagen. Einsätze in der Nationalmannschaft. Einmal eine böse Prügelei mit einem eigenen Mann. In der Kabine. Warum? Ich weiß es nicht mehr. Dann kam diese Doping-Geschichte. Es war Hustensaft. Ich habe jeden Eid schwören können. Aber dass ich nicht gewusst hätte, es wäre ein spezieller Hustensaft, kann ich nicht beschwören. Der Wechsel ins Ausland war danach kein Fehler.

Wer oder was bin ich? Ein kinderloser, allein stehender, vernarbter, schwergewichtiger Fast-Krüppel mit abgewetzten Gelenken. Ich kann kein Eis mehr sehen, mir graut vor Hallen und Umkleidekabinen, ich speie mich an, wenn ich eine Sportseite aufschlage und dieses Geschwätz lese.

Ich habe Geld auf dem Konto. Gutes Geld für – na ja – zehn Jahre. Was dann? Ich sterbe nicht mit siebenundvierzig. Ich muss nach dem Eishockey etwas machen. Was?

Die Mutter war stolz, damals, als ich den Vertrag beim EC Stadtlingen unterschrieb. Studieren kann jeder, hatte sie gesagt, aber wer ist so ein Stürmertalent wie du? Nein, ich will mich nicht auf sie ausreden. *Ich* wollte Profi sein. Ich wollte durch die Stadt gehen und die Schüler mir nachreden hören.

Er sah im Innenspiegel Wasser in seinen Augen. Da tat

er sich doppelt Leid. Längst war er wieder von der Autobahn herunten. Stadtlingen – 12 km, stand auf einem Schild.

Das hatte der Architekt noch gebraucht: Die Mitteilung, im „Stadtlinger Boten" habe ein Journalist behauptet, die neue Eishalle würde wesentlich mehr kosten, als veranschlagt war. Die nach Ausschreibung betraute Baufirma sei bekannt für schamlose Nachforderungen. Das darf auf keinen Fall passieren, sagte er sich, mein erster Großauftrag muss völlig reibungslos abgewickelt werden. Es ist ganz wichtig, sofort hinzufahren und alles an Ort und Stelle zu bereinigen.

Als er beim Frühstück in der spaceartigen Wohnküche seiner Frau erklärte, nach Stadtlingen brausen zu wollen, kam die scharfe Rückfrage, ob die Jungarchitektin mitfahre, mit der er etwas habe. Er schwor Stein und Bein und besten Gewissens, nein, denn seine Frau hatte die falsche gemeint.

Jetzt raste er mit seinem Luxusauto dahin, die Wintersonne wie eine Verhörlampe im Gesicht.

Diese Ehe endet mit einer Katastrophe, machte er sich klar. Es ist nur eine Frage des Zeitpunktes. Sie wird mir das Weiße aus den Augen nehmen, schon wegen der zwei Kinder. Wie konnte es nur so kommen? Ich bin schuldlos, natürlich, denn sie hat immer nur mich gemeint, nie meine Arbeit, meine Ideen, meine Zeichnungen. Die waren ihr egal. Sie hat mich immer nur als ihren Mann gesehen und nie als den hoch begabten Architekten, den die Welt gefälligst zu entdecken hat, sie hat nie begriffen, ohne meine Zeichnungen bin ich nicht zu haben, sie gehören zu mir wie meine schwarzen Naturwellen.

Kurz vor Stadtlingen wurde er von der Polizei abgewinkt: Geschwindigkeitsüberschreitung.

Der Center war in Stadtlingen gut aufgenommen worden. Die Zeitung hatte geschrieben, ein Mann mit dieser Routine würde als Hirn des dritten Sturmes die beiden jungen Flügelflitzer zu führen wissen. Man erinnerte sich seiner herausragenden Spiele zu Karrierebeginn und brachte auch das eine oder andere alte Foto.

Stadtlingen hatte mittlerweile ein Fünf-Sterne-Hotel einer traditionellen Kette bekommen. Von dort war es für den Center nicht weit zu Training und Match. Das ihm zur Verfügung gestellte Auto stand allzeit unbenützt auf dem Hotelparkplatz. Und wenn er da, den Sportsack über dem Rücken, über die Straße ging und des Öfteren gegrüßt und aufgemuntert wurde, schien sich ein Zeitwunder zu ereignen. Die Fast-Food-Läden verschwanden, die alten Gasthäuser waren wieder da. Er hörte in der Fußgängerzone Autos hupen, wie damals, als er vor Aufregung vor dem Match bei Rot die Kreuzung hatte überqueren wollen. Er erinnerte sich an eine Knutscherei mit seiner späteren Frau in einem Hausflur, der jetzt nicht mehr dunkel war, sondern in einen gestalteten Innenhof führte, wo der obligate Italiener und der obligate Grieche ihrer Opfer harrten.

Wunderbar in meinem Hotel die Hochrippe vom Wagen, was brauch ich sonst?

Fünf Mal hatte er bis jetzt gespielt. Fünf Mal hatten sie in Serie gewonnen, der Aufstieg war zum Greifen nah. In der Zeitung stand, der Entschluss zum Bau der neuen Eishalle sei spät, aber nicht zu spät erfolgt, denn mit diesem abgewrackten und die potenziellen Zuschauer auch nicht mehr fassenden Stadion könne man sich in der Beletage des Sportes nicht blicken lassen, und die sei mehr als in Reichweite.

In der Mannschaftsbesprechung bekam der Center einen nachhaltigen Schlag in die Magengrube. Der dritte

Sturm solle heute ausschließlich zerstören, nur defensiv bleiben, den starken ersten Sturm des Gegners neutralisieren, auf Torejagd zu gehen hätten die Linien eins und zwei.

Das hielt der Center für eine Zurücksetzung. Sein Sturm, der dritte, hatte bis jetzt in der Aufstiegsrunde genauso viele Tore geschossen wie die anderen, warum er heute nur die Drecksarbeit leisten sollte, war ihm unerklärlich.

Oder überschätze ich meine Partien bisher? Habe ich mir eingebildet, so gut zu sein wie früher? Vielleicht nur, weil in dieser Liga langsamer gespielt wird? Hat der Trainer Recht?

Als sie sich umzogen, ging er aufs Klo. In seiner linken Faust waren drei Pillen. Erstmals drei. Bis jetzt hatte er immer zwei geschluckt, vor der dritten immer ein wenig Angst gehabt, aber es war schon seit längerer Zeit, schon in der Schweiz der Verdacht da, die zwei Pillen griffen nicht mehr so recht. Als das Geräusch der Spülung nachließ, tönte erstmals der Chor von Stiege 11 herein: Keiner wird es wagen, den ECS zu schlagen! Keiner wird es wagen, den ECS zu schlagen!

Schön wär's, sagte sich der Center.

Der Architekt hatte auf einem Dreiergespräch im Büro des Bürgermeisters bestanden. Der beharrte zunächst einmal auf einer Beurteilung der neuen Büroeinrichtung. Seine Frau habe ihm einen fabelhaften Innenarchitekten empfohlen, und er müsse sagen, da habe sie einmal mehr ihren sicheren Geschmack bewiesen. Es war am Architekten, das zu bestätigen. Der log wie immer in solchen Fällen. Er fand alles gönnerhaft gut, aber wiederum nicht so gut, dass er damit seine Position als teure Autorität in Frage stellte.

Der Baumeister kam mit Verspätung. Er habe noch einmal alle Unterlagen auf das Sorgfältigste geprüft.

Der Architekt zwang ihn Punkt für Punkt vor dem entscheidenden Zeugen zu erklären, die Pläne seien unmissverständlich und exakt kalkulierbar gewesen, eine Nachforderung während der Ausführung durch nichts zu begründen. Der Baumeister sprach von üblem Asphaltjournalismus, von gezielter Diffamierung durch die dem politischen Gegner nahe stehende Konkurrenz. Nein, es müssten schon außergewöhnliche Umstände eintreten, dass man nicht im Rahmen der Kalkulation bleiben könne, ließ sich der Baumeister die übliche Hintertür offen.

Nachdem die Herren eine Presseaussendung beschlossen hatten, erkundigte sich der Bürgermeister nach des Architekten Abendprogramm. Da der keines hatte, außer der Übernachtung in der Juniorsuite des neuen Hotels, fragte der Bürgermeister, ob der Architekt denn nicht wisse, dass heute die finale Partie um den Aufstieg gespielt werde.

„Da entscheidet sich's, welche Mannschaften in der nächsten Saison in unserer, in Ihrer – also in unserer – Halle spielen werden."

Der Architekt hatte sich vor siebzehn Jahren geschworen, nie mehr im Leben ein Eishockeyspiel live sehen zu wollen, zu viel Angst hatte er, die Wehmut könnte ihm das Herz zerschneiden. Aber jetzt riss ihn die juvenile Nervosität des Bürgermeisters und Baumeisters mit. „Keiner wird es wagen …" schwebte durch den Raum und verwandelte die Männer in Halbwüchsige.

Die Halle war übervoll. An die tausend mussten wegen Platzmangels heimgeschickt werden. Karten wurden vor der Halle um den zweifachen Preis an den Mann gebracht.

Der Architekt saß in der VIP-Loge und musste sich von allen Seiten, auch den politischen, sagen lassen, jetzt sehe er einmal live, wie wichtig der Neubau dieser absolut nicht mehr zeit- und leistungsgemäßen, der Bedeutung dieser Eishockey-Stadt in keiner Weise genügenden Halle sei.

Der Architekt hörte alles nur von ferne. Sein Puls war auf 100. Der Fanklub auf der Stiege 11 brüllte pausenlos. Der Architekt meinte, sie skandierten auch seinen Namen. Er sah auf den Drahtkasten, in dem der Goalie des EC Stadtlingen stand. Die Arschbacken rutschten im Rhythmus der Positionswechsel des Tormannes hin und her. Dem Tormann sprang eine Scheibe weg, ohne böse Folgen. Ist der wahnsinnig?, wischte sich der Architekt den Schweiß von der Stirn, den halte ich heute noch mit einem Zahnstocher fest.

Der Center hielt sich an die Anweisungen des Trainers. Er checkte erst im Mitteldrittel, lauerte auf Fehler der gegnerischen Verteidiger. Und schon schlug einer über die Scheibe. Der junge Flügelflitzer brachte sie an sich und fuhr in Richtung Tor. Du musst mitfahren, sagte das Unterbewusstsein des Centers. Zum ersten Mal an diesem Abend brannten die Lungen. Aber er war im goldenen Moment vor dem Tor, als der Querpass kam. Stadtlingen führte 1:0.

Der Architekt sprang wie alle auf, umarmte links und rechts Leute, von denen er nicht wusste, ob sie Fremde oder alte Bekannte waren. In den abklingenden Jubel nannte der Platzsprecher die Namen des Assistgebers und des Torschützen. Der Architekt musste den Namen überhört haben, als vor Beginn des Spieles die Aufstellung angesagt worden war. Wahrscheinlich hatte er noch im verwahrlosten alten VIP-Raum einen Aufwärmschnaps getrunken. Dann hatte er den Center des dritten Sturms wohl als langsam, aber sehr gediegen befunden, doch hinter dem Plastikschutz nicht erkannt. Jetzt war ihm klar, wer der Mann war.

Der spielt noch? Noch immer? Und hier?

Er ließ sich von einem kundigen Nachbarn das kürzlich erst erfolgte Engagement für das Play-off erklären. Voll des ungebremsten pubertären Neides starrte der Architekt nur mehr auf den Center. Ob er nun auf der Bank saß oder auf dem Eis war.

Wenn der noch spielt, könnte ich ja auch noch. Welcher Irrsinn hat mich geritten, nicht Eishockeyspieler zu werden, nicht da draußen zu stehen und den Gegner in die Verzweiflung zu treiben, anstelle dieses nur vom Glück gesegneten Dilettanten in unserem Tor?

In der zweiten Drittelpause stand das Spiel remis. Im VIP-Raum ließ sich der Architekt mit der Klub-Geschichte seit seinem Ausscheiden ein. Er erzählte dem Gesprächspartner, der Center und er seien damals die einzigen Abiturienten der ersten Mannschaft des Klubs gewesen. Sie hätten auch miteinander geredet, ob sie beim Sport bleiben oder etwas anderes machen sollten. Sie seien sich nicht einig gewesen, jeder habe der Entscheidung des anderen misstraut. Ein leicht Lallender kam hinzu und erklärte dem Architekten, so ein Tormanntalent wie ihn habe es seit damals nie mehr gegeben. Nie mehr!

Wie Stolz foltern kann.

Der Center saß in der Umkleidekabine und malte sich das Schlussdrittel aus. Was der Trainer herumbrüllte, drang nicht bis zu ihm. Er würde die taktische Anweisung jetzt lockerer begreifen, mehr riskieren wollen, nahm er sich vor. Er griff in die kleine Tasche im Futter seiner Sporttasche und fingerte eine vierte Tablette heraus. Er schluckte sie vor aller Augen. Niemand schien es zu bemerken.

Zwei Minuten vor Schluss der immer härteren Partie handelte sich einer der Stadtlinger eine Strafzeit ein. Die Mannschaft war bis zum Spielschluss in Unterzahl.

Ich schlage diesen primitiven Idioten tot, dachte der Architekt. Wie kann einer nur so blöd sein?! Jetzt verlieren wir wegen dieses Arschlochs!

Die Unterzahl der Heimischen machte die Gegner unvorsichtig. Sie rannten planlos und überstürzt an. Der Center sah voraus, sein finnischer Verteidiger würde an die Scheibe kommen, und stahl sich auf Verdacht zur blauen Linie. Der Pass kam beinhart, aber genau. Der Center nahm ihn an und fuhr – er hatte das Gefühl, die Lungen kämen ihm bei den Ohren heraus – auf das Tor zu. Die in das Hirn eingekerbten Programme sagten ihm, zum Umfahren des Tormannes fehlt schon die Kraft, es gibt nur mehr eine Möglichkeit: blind draufzuhauen. Er schoss ein Tor, wie man es in jeder Saison nur einmal schießt.

Der Architekt wischte sich die Freudentränen aus den Augen. Er hatte gesiegt. Er persönlich.

Im VIP-Raum überbordete die Stimmung. Er war viel zu klein für die Vielen, die da feiern wollten. Bier und Sekt flossen, die Platten mit den Hühnerbeinen und den Koteletts mussten im Nu erneuert werden. Der Krach war an der Obergrenze des Erträglichen. Nach und nach kamen die Spieler, je nach Verdienst akklamiert. Der Center wurde gefeiert. Der sah und erkannte sofort seinen Tormann von einst. Der Mann, von dem er erfahren hatte, er sei der geniale Entwerfer der neuen Eishalle. Die Männer umarmten einander, als ob sie immer schon die innigsten Freunde gewesen wären. In dieser Sekunde waren sie es. Rückwirkend.

Sie standen in Rauchschwaden.

„Wird im neuen VIP-Raum der Abzug funktionieren?“, fragte schwer atmend der Center.

„Sicher. Aber es wird wohl Rauchverbot geben.“

„Schön wär’s!“

Nach zwanzig Minuten waren sie sich einig, hier abhauen zu wollen.

„Ich weiß ein Landgasthaus. Der Wirt ist ein Fan."

Sie fuhren in der Nobelkarosse des Architekten. Der Center gab den Weg an.

„Schönes Auto. Du hast es geschafft!"

„Was habe ich? Einen Dreck habe ich!"

Nebel fiel ein. Sie hatten sich auf die Abzweigungen zu konzentrieren.

Sie saßen in einer beinahe leeren, holzgetäfelten, synthetisch auf alt getrimmten Gaststube. Aus dem Raum für geschlossene Gesellschaften drang Lärm. Der Bowling-Klub feierte sein zehnjähriges Bestehen. Hinter der Theke stand eine hübsche Serviererin.

„Nicht schlecht!", sagte der Architekt.

„Fad."

„Weißt du schon?"

„Ja, weiß ich schon."

Der Wirt, ein schleimiger, überhaupt nicht in seine ländliche Kleidung passender Typ, bedauerte unendlich, wegen der Bowling-Feier nicht dabei gewesen zu sein. Aber er wusste natürlich das Ergebnis und wollte den Schützen des Siegestreffers einladen. Es käme eine Platte mit den Spezialitäten der Region. „Alles hausgemacht", log er.

Als die beiden ihre ersten Biere intus hatten – das Verhältnis im Trinktempo war 3 : 1 für den Center – kam die Platte. Ein Berg von Blut- und Leberwurst, Hartwurst, Schinkenspeck, Räucherkäse, Rettich, Zwiebel, Pfefferoni, Schmalz, dazu Landbrot.

„Das kann ich alles nicht essen", sagte der Architekt, als der Wirt mit seinem „Und jetzt einen recht guten Appetit!" gegangen war. „Mein Magen rotiert schon beim Anblick."

„Bis auf die harte Wurst esse ich alles", meinte der Center und drückte mit zwei Daumen die Prothese am Oberkiefer fest.

Der Architekt schluckte eine Magentablette.

„Den Käse kann ich ja probieren."

Es begannen die „Weißt du noch wie" und die „Kannst du dich noch erinnern, wie" Gespräche. Spiele von damals wurden noch einmal durchgespielt, Siege gerühmt, Niederlagen wegen des Versagens von Kollegen als unausweichlich erkannt. Heroen und Nieten, wunderbare Eisläufer und blöde Prügler bevölkerten das Eis der Vergangenheit. Die Abiturienten rekonstruierten mit der Ernsthaftigkeit einer Entscheidungsprüfung die Namen der Sturm- und Abwehrreihen.

„Der Kasparek hat damals im zweiten Drittel –"

„Der Kasparek war nie bei uns."

Der Center hatte Probleme. Immer wieder einmal nannte er einen Spieler, den sein Gegenüber nicht kannte. Und dann kam er drauf, er hatte Stadt oder Klub oder Jahr verwechselt. Sein persönlicher Film vom Eishockey war – zumal unter Alkohol – wirr zerschnitten. Ein gigantischer Videoclip ohne Dramaturgie. Bald wollte er sich nicht mehr irren und damit blamieren, wie er befürchtete, und ließ den Architekten reden.

Der wusste alles. Sein Hirn war das Archiv seiner sportlichen Jugend. Logisch, sagte er zu sich selbst, ich habe nur die Zeit, in der ich als Jugendspieler auf der Tribüne saß und mich in den Kasten der *Ersten* träumte. Ich kann alle Mannschaftsaufstellungen auswendig, bei denen ich dabei sein wollte. Und dann kam diese eine Saison, dieses eine Jahr Leben. Ich erinnere mich an jedes Tor, das ich bekommen habe. Ich weiß von jedem unhaltbaren Schuss, was geschehen hätte müssen, um ihn haltbar zu machen. Ich kann die Fluglinien des Pucks nachzeichnen. Exakt.

Der Architekt erzählte mit der Begeisterung eines dennoch gescheiten Sportreporters.

Irgendwann war das Thema Eishockey durch.

Die Zungen wurden schwerer. Die Hirne klarer. Die Gespräche tiefer.

Jetzt ging es um die Platzierung in der Liga Leben. Jetzt ging es um die Existenzen.

Der Architekt verbat sich die Bemerkung, er hätte es geschafft. Ein vermanagtes, korrumpiertes, magenkrankes Arschloch sei er, möglicherweise kurz vor dem Scheitern einer Ehe, mit der Aussicht, um die Zeiten streiten zu müssen, in denen er seine Kinder sehen könne.

„Du hast Kinder“, sagte der Center. „Du hast eine Frau. Ich habe keine Kinder. Ich habe Serviererinnen. Und du hast Kohle.“

„Wenn ich arbeite wie ein Tier. Wenn ich so ziemlich alles nehme, was kommt. Le Corbusier bin ich keiner geworden und werde auch keiner mehr.“

„Wer bist du nicht geworden?“

„Corbusier. Ein großer Architekt.“

„Bin ich vielleicht Wayne Gretzky?“ Der Center wurde beinahe laut. „Im nächsten Jahr pfeifen die mich aus, die mich heute gefeiert haben. Und in fünf Jahren frag ich dich, ob du einen Chauffeur brauchst.“

„Red nicht so einen Blödsinn! Du hast dir doch was erspart! Du kannst doch was anfangen mit deinem Geld!“

„Möchtest du mir sagen, was? Vielleicht ein Bauherrenmodell, damit ich es *ganz* rasch los bin?“ Sie wurden immer betrunkener.

Der eine versicherte dem anderen, der größte Fehler seines Lebens sei gewesen, nicht Eishockeyprofi geworden zu sein. Der andere schwor bei seinen Bandscheiben, niemals mehr diese Entscheidung zu treffen, hätte er eine zweite Chance.

Die Ausweglosigkeit, der Kreisgang ihrer Argumentationen begann sie zu amüsieren.

„Also, was ist: Tauschen wir?“, fragte der Architekt.

„Du hast die Schlusssirene überhört“, kam die fachmännische Auskunft.

Die Bowling-Runde war gegangen. Der Wirt setzte sich ohne zu fragen auf einen dritten Stuhl und redete über Eishockey. Keiner hörte ihm zu. Sie entwarfen im Rausch die Bilder des Lebens, das ihnen entgangen war. Der eine sah sich ins All-Star-Team der NHL gewählt, der andere als Gymnasialprofessor für Turnen und Geschichte und gleichzeitig als Vorstand des Elternbeirates.

Gegen vier Uhr morgens merkte der Wirt endlich, dass das Schweigen der beiden nicht Zuhören bedeutete. Er regte das Heimgehen an. Zu zahlen war selbstverständlich nichts.

Der Architekt und der Center traten in die späte, eiskalte Winternacht. Ihre Mäntel trugen sie über dem Arm. Sie spürten die Kälte nicht.

„Ich glaube, es war zu viel“, sagte verlegen lachend der Center und kotzte Pillen und Leberwürste hinter das Auto. Diesen Anblick ertrug der Magen des Architekten nicht reaktionslos. Er kotzte daneben.

Sie waren etwa zugleich fertig, sahen erst einander und dann ihre Kotze an.

„Tauschen wir?“, fragte der Architekt.

Sie kriegten sich nicht mehr vor Lachen.

Kitsch

Der Jungverleger hatte einen für ihn großen Tag hinter sich. Ihm war im Kultusministerium der „Staatspreis für Literaturproduktion“ verliehen worden, für seine Reihe „Neue Realisten“, in der er mit Erfolg einige Schreiberinnen und Schreiber vorgestellt hatte, die bei renommierten, der großen Literatur verpflichteten Verlagen nicht untergekommen waren.

Er hatte hoch gespielt, sich auf ein finanziell gar nicht mehr vertretbares Risiko eingelassen, auf ein Wunder gehofft und staunend gemerkt, dass es geschah. Und zwar von zwei Seiten her. In einigen Feuilletons schienen sich junge Damen und Herren gegen literarische Maßstäbe ihrer Altvordern auflehnen zu wollen, und aus Buchhandelskreisen hörte man Urteile wie „richtig gut lesbar“. Und „verkäuflich“.

Publizistisch half ihm auch, dass sein Kleinverlag in der Provinz zu Hause war. Initiativen außerhalb der Metropolen werden – wie man weiß – allzeit gerne dazu benützt, auf Lethargie und mangelnde Innovation in den Metropolen hinzuweisen.

Während der Laudatio des für Literaturförderung zuständigen Herrn des Ministeriums dachte der Preisgekrönte: Wie gut, dass der Mann nicht weiß, warum ich Verleger werden wollte. Ich wollte es nämlich, um *mich* zu verlegen. Ich habe, weil mich keiner wollte, im Eigenverlag verlegt und bin dann draufgekommen, dass ich mich in einem mir gehörenden Verlag nie publiziert hätte. Diese Erleuchtung war unendlich heilsam. Ich höre meine Freundin noch lachen, als ich ihr sagte: Weißt du, ich kann schreiben, aber ich habe nichts zu sagen. Und sie, die angehende Politologin, hatte geantwortet: Ein gänzlich unüblicher Denkansatz.

So hat es begonnen, dachte er, als der Herr des Ministeriums von „stringenter Programmatik“ oder auch von „programmatischer Stringenz“ sprach.

Der Staatspreis war nur eine indirekte Subvention, mit ihr schien ihm der Fortbestand seiner Reihe, vielleicht sogar die Vergrößerung des Programmes möglich.

Nach der Preisverleihung nahm der Jungverleger beim Buffet die Chance zu jedem Smalltalk wahr, von dem er sich für sein Unternehmen etwas erhoffen konnte. Es gab auch die eine oder andere nette Gratulation von Preisträgern aus den Gebieten Musikproduktion oder Galeriewesen. Manche hielten ihre Vorschläge, was aus ihrer Feder man dringend zu drucken hätte, nicht zurück.

Dann machte der Jungverleger sich selbstständig. Er wollte diesen einen Tag in der Hauptstadt bis zur Neige auskosten. Er besuchte einige der wichtigen und ihm gewogenen Buchhändler, aß beim – laut einem Zeitgeist-Magazin – „Newcomer des Jahres“, war dann einer der wenigen zahlenden Zuschauer in einer einen Autor realisierenden Experimentierbühne, dessen Prosa er für seinen Verlag abgelehnt hatte. Zu Recht, dachte der Jungverleger, als er die zum Glück nicht allzu lange Vorstellung verließ.

Jetzt stand er auf der Straße, es war ein lauer Septemberabend. Die Kleidung der Passanten und die Fülle des Korsos hätten auch auf August schließen lassen können. Der Anblick dieser wundersam von Brüsten ausgefüllten Shirts machte es ihm unmöglich, jetzt schon sein Hotelzimmer zu beziehen. Er bummelte. Ziellos, mit der Absicht, irgendwo hineinzufallen.

Da sah er eine kleine, dezente Lokalaufschrift „Mala

ulica", kaum bemerkbar, weil eine Nuttenbar gleich daneben sich sehr grell an die Passanten wandte. „Mala ulica", irgendetwas sagte ihm dieses Wort. Es fiel ihm ein, die Bar war schon einige Male in der Gesellschaftsspalte vorgekommen, in Zusammenhang mit Premierenfeiern oder Geburtstagsfesten eher angenehmer Szene-Zeitgenossen. Der Jungverleger meinte sich auch erinnern zu können, von einem Flügel gelesen zu haben, auf dem dieser oder jener gespielt hätte. Er betrat das Lokal.

Es war tatsächlich eine traditionelle Piano-Bar, so rot, so plüschig und so abgewetzt, wie so ein Lokal zu sein hat. Beherrschend in der Mitte der wenigen Tische stand der schwarze Flügel, an der Gegenwand warteten einige Barhocker auf Hockende. Vorläufig vergeblich, wenn man von mir absieht, dachte der Jungverleger. Man hätte das Lokal auch für einen gehobenen Hurentreff halten können, hätten nicht Bilder unbekannter Maler und Plakatankündigungen avantgardistischer Ereignisse auf ein anderes Stammpublikum schließen lassen.

Zwei oder drei Tische waren besetzt, es war ja noch nicht spät, an dem einen Tisch wurde leise geplaudert, am anderen hörte man dem Mann zu, der Klavier spielte.

Er war ein gut aussehender, dunkler Typ, vielleicht an die fünfzig, gewinnend, wie man schon an seiner Art, den hereinkommenden Gast durch Nicken zu begrüßen, bemerkte. Er war vor allem ein fabelhafter Pianist. Er spielte Paraphrasen klassischer Jazz-Standards mit höchstem technischen und harmonischen Anspruch, aber sichtlich mühelos.

Der Jungverleger ließ sich an der Bar von einer weiter nicht auffälligen jungen Frau ein Glas Wein geben und hörte zu.

Was man als *Crossover* bezeichnet, war die Domäne dieses Musikers. Er spielte etwa „Die Moldau" als Jazz-

Ballade, dann wieder einen Standard wie „Feelings“ als Chopin. Als er wahrnahm, dass zumindest die Gäste des einen Tisches das Stück wirklich für einen Chopin hielten, huschte eine kleine Verächtlichkeit über sein Gesicht und er machte Pause.

Er kam zum Jungverleger an die Bar.

„Freut mich, Sie begrüßen zu dürfen. Und meinen herzlichen Glückwunsch.“

„Danke. Und wozu?“

„Na, hören Sie! Sie haben doch einen Staatspreis bekommen für Ihre Bücher.“

„Erstens, wieso wissen Sie das? Zweitens, wieso wissen Sie, dass ich ich bin?“

„Ich bin zwar Musiker, aber kein Analphabet. Ich lese. Man sieht es mir vielleicht nicht an. Aber ich lese wirklich. Bücher. Auch solche Ihres Verlages. Und Ihr Foto war heute groß in der Zeitung. Ich merke mir Gesichter. Das bringt der Beruf so mit sich.“

Er sagte das alles ohne Arroganz, freundlich und heiter, und erklärte auch der Besitzer, also Eigentümer oder Pächter dieses Ladens zu sein. Er sprach mit Akzent. Nach wenigen Worten stand fest, es war ein tschechischer Akzent, nahe dem schönen Prager Deutsch.

„Bleiben Sie länger?“

„Nein, nur bis morgen. Aber jetzt weiß ich wenigstens, wohin am Abend, wenn ich hier bin. Das wird in nächster Zeit öfter der Fall sein.“

„Wird mich immer freuen.“

Der Barbesitzer verlängerte sich einen Drink mit viel Soda. Der Jungverleger meinte, sich auch als Kenner ausweisen zu müssen.

„Das letzte Stück, das war doch ‚Feelings‘?“

„Haben Sie bemerkt? Hab ich es nicht zu sehr misshandelt? Dann verstehen Sie ja etwas von Musik?“

Die beiden Männer fanden zunehmend Gefallen an ihrem Dialog. Langsam füllte sich die Bar. Im Lauf des Abends immer mehr. Unter den jungen Gästen waren Musiker. Pianisten, auch solche, die zu ihrem Spiel sangen, besetzten den Flügel. Die Pausen des Pianisten im eigenen Lokal wurden immer länger, sein Gespräch mit dem Jungverleger immer intensiver. Denn dieser wollte, sein Interesse an guten Geschichten war geradezu manisch, genau erfahren, wie ein tschechischer Pianist, unüberhörbar der Meisterklasse, im Ausland zu einem Barbesitzer wird.

Der Tscheche erzählte seine Geschichte. Und er erzählte sie gut. Zu Hause war er auf der Musikakademie unumstrittener Jungstar gewesen, die *große Hoffnung,* hatte als Solist schon mit ersten Orchestern konzertiert, aber dann war es zu einer Katastrophe gekommen, zu einer Prügelei aus politischen Motiven. Bei dieser Prügelei hatte er sich das rechte Handgelenk verletzt.

„Es war geschwollen. Die Geschwulst ging nicht zurück. Und ich habe immer mehr den Verdacht gehabt, die behandeln mich absichtlich nicht optimal. Die Kommunisten haben den Ärzten gesagt, sie sollen meine Karriere vernichten, denn ich war politisch natürlich auf der Gegenseite. Möglich, dass es Paranoia war. Aber dagegen kann man ja nichts machen. Ich hatte keine Wahl. Ich musste fliehen. Ich musste Gewissheit haben. Und ich habe sie bekommen."

Er erzählte die Geschichte einer Flucht, wie sie abenteuerlicher nicht sein konnte. Dann kam er zur Pointe.

„Hier hat mir ein Professor sofort gesagt, wenn ich mich nicht auf eine komplizierte Operation einlasse, werde ich nie mehr ordentlich Klavier spielen können, nämlich wirklich ordentlich, nicht so wie hier. Er hat mir die Versäumnisse der tschechischen Ärzte ganz genau erklärt. Ich werde jetzt bis zum Tod darüber nachdenken, ob es ein Kunstfehler war oder Absicht."

Dann erzählte er, dass er sich die Operation nicht hätte leisten können, wenn er nicht in einem Hurenlokal gekellnert hätte.

„Gleich hier daneben. Das hat einem jüdischen Baron gehört. Der hat sich mittlerweile zurückgezogen. Die Branche hat keinen Stil mehr, hat er mir gesagt. Aber das war ein nobler Mann. Der hat mir das Geld für die Operation geborgt, zinsenfrei. Als Gegenleistung hat er nur verlangt, dass ich nach seinem Tod in der Aufbahrungshalle ‚Clair de lune' spielen muss. Ich hab ihm gesagt, das wird nicht sehr gut sein, wenn ich nicht mehr übe. Da hat er mir angeboten zu üben so viel ich will, im Lokal daneben. Also hier. Der Laden hat ihm auch gehört. Da habe ich dann nach der Operation jeden Tag tagsüber geübt, aber ich bin draufgekommen, zwei verlorene Jahre waren nicht mehr aufzuholen, und hundertprozentig konnte der Professor das verpfuschte Gelenk auch nicht mehr hinkriegen. Ich habe also gewusst, mit der Karriere in der Klassik ist es vorbei. Da habe ich dann die Notenstöße des damals engagierten Barpianisten hergenommen und noch einmal Klavier spielen gelernt. Von vorn. Ein neues Repertoire. Einen neuen Stil."

„Aber den klassischen Pianisten hört man noch durch", fühlte sich der Jungverleger zu sagen verpflichtet.

„Na ja. Am frühen Abend. Da spiele ich auch manchmal Rachmaninoff, Debussy oder solche Sachen. Aber da darf niemand im Lokal sein, vor dem ich mich geniere."

Die Geschichte des Barbesitzers endete damit, dass der Puff-Baron seine Läden loswerden wollte. Erst verpachtete er ihm das Lokal, kam auch des Öfteren als Gast, um sich am Spiel „seines" Pianisten zu erfreuen, dann verkaufte er es ihm.

„Ich habe das riskiert, denn damals war der Laden jeden Abend bummvoll. Heute möchte ich nicht mehr meine Bank sein.“

„Haben Sie ‚Clair de lune‘ schon spielen müssen?“

„Nein. Aber ich glaube auch nicht, dass ich noch erfahre, wann ich es spielen soll.“

Es war vier Uhr morgens geworden. Zwei Paare schmusten. Ein Geiger spielte, nur für sich, Mendelssohn.

Der Jungverleger und der Barbesitzer waren nicht mehr sehr nüchtern. Sie waren auch schon ins Du hineingerutscht. Nicht nur aus Unaufmerksamkeit, sicher auch, weil sie sich mochten. Dabei lagen sie typmäßig extrem auseinander: der junge Mann mit einer für sein Alter schon erstaunlich großen Glatze, nervös wie ein Hund auf der Fährte, eher in Richtung Junggenie gekleidet, und der soignierte Herr mit vollem schwarzem Haar, Nadelstreif und Krawatte und tief melancholischen Augen.

Der Jungverleger erinnerte sich an Details der in dieser Nacht gehörten Geschichte.

„Du musst das alles aufschreiben. Ich habe schon seit einiger Zeit eine Idee für eine Anthologie ‚Klaviergeschichten‘, also nur Erzählungen, in denen das Instrument eine entscheidende Rolle spielt, vielleicht nehme ich auch noch Geige und Trompete dazu. Aber deine Geschichte muss da hinein.“

„Ich kann nicht schreiben. Mein Deutsch ist viel zu fehlerhaft.“

„So ein Blödsinn! Erstens ist dein Deutsch tadellos. Zweitens, wenn dir einmal ein Lapsus passiert, dafür gibt es Lektoren.“

„Ich habe noch einen Grund, warum ich nicht schreibe.“

Das klang sehr bestimmt. Der Jungverleger bemühte sich um Nüchternheit. So konnte er der Argumentation des Barbesitzers folgen.

„Meine Frau schreibt. Die würde nicht wollen, dass ich auch –"

„Warum nicht?"

„Das muss man verstehen. Ich fände es auch nicht gut, wenn sie plötzlich Klavier spielen wollte. Und das wäre doch peinlich, mein erster Text würde gedruckt erscheinen, ihre Sachen liegen herum. Kommen zurück. Immer abgelehnt."

„Hat sie noch nichts veröffentlicht?"

„Nein."

„Sie soll mir was schicken. Unverbindlich. Aber du darfst dann nicht böse sein, wenn ich –"

„Ist doch kein Thema. Ich danke dir in jedem Fall. Sehr."

Der Barbesitzer ging schon schwer, als er eine neue Flasche holte.

Der Jungverleger wollte mehr wissen.

„Was macht denn deine Frau sonst?"

„Nichts. Das heißt: nichts mehr."

Auf den weiter fragenden Blick des Jungverlegers erklärte er, sie sei eine *höhere Tochter,* einziges Kind einer prominenten Anwaltsdynastie.

„Dann kann doch der Schwiegervater dir hier helfen, wenn du finanziell nicht so besonders –"

Der Barbesitzer wehrte lachend ab. Das Lachen war hässlich.

„Der würde nie etwas auslassen. Er verzeiht uns nicht, dass wir keinerlei Enkel produzieren, wofür sie nichts kann. Sie hat keinen Kontakt mehr zu ihren Eltern."

„Du hast gesagt, sie macht nichts mehr. Was hat sie denn gemacht?"

„Studiert. Psychologie. Und daneben gearbeitet."

„Wo?"

„Dort, wo ich sie kennen gelernt habe. Nebenan. An der Bar. Dort saß sie. Ein Jahr. Neben dem Studium."

Der Barbesitzer amüsierte sich über das „Ist ja nicht zu fassen"-Gesicht seines Gegenübers. Aber der hatte sich rasch gefangen.

„Ich werde wahnsinnig. Was muss die Frau erlebt haben! Was muss die zu erzählen haben!"

„Sie schreibt fantastisch. Aber" – im Blick des Barbesitzers war so etwas wie Bedauern, mit nichts anderem dienen zu können – „sie schreibt Dichtung. Verstehst du. Du darfst dir nichts Falsches vorstellen."

„Ich stelle mir gar nichts vor. Ich will was lesen."

Die neuen Freunde umarmten einander im Morgengrauen. Selbst das „Bel ami" nebenan hatte kein Außenlicht mehr.

„Weißt du übrigens, was ‚mala ulica' bedeutet?"

„Kleine Gasse."

„Ja schon, aber was das bedeutet?"

„Weiß ich nicht."

„Das haben die tschechischen Fussballer erfunden. Der kurze Pass quer und dann sofort in die Tiefe."

„Doppelpass."

„Doppelpass."

„Ich wäre nämlich auch ein guter Fußballer geworden. Aber neben dem Klavier ging das nicht."

Der Jungverleger versuchte sich zu erinnern, wie sein Hotel hieß und wo es lag. Der Barbesitzer machte ihm ein paar Vorschläge. Dann sagte er unvermittelt:

„Wenn in ihren Texten von Krankheit die Rede ist, dann wundere dich nicht. Sie war sehr krank. Sehr. Aber es ist alles vorbei. Alles überstanden. Sie ist eine große Dichterin. Du wirst ihr helfen. Ich bin sehr glücklich."

Als dem Jungverleger der Name des Hotels endlich eingefallen war, sagte der Barbesitzer noch:

„Du wirst es schon gemerkt haben. Ich liebe diese Frau, ich kann dir nicht sagen, wie."

Dass es *Liebe auf den ersten Blick* gibt, ist bekannt, wenngleich immer wieder einmal bestritten. Weniger bekannt ist, dass es *Freundschaft auf den ersten Blick* gibt. Jedenfalls unter Männern. Da lernen sich zwei kennen, wundern sich, dass sie sich nicht schon immer gekannt haben und fühlen sich ab jetzt so zueinander gehörig, als ob sie sich schon immer gekannt hätten. Um diesen Fall handelte es sich hier.

Zwei Wochen nach jener Nacht sah sich der Jungverleger in seinem Büro die positiven Verkaufszahlen der letzten Woche an. Da erreichte ihn ein Anruf auf seiner direkten, nur Freunden bekannten Nummer. Er hatte sie dem Barbesitzer im großen Kennenlerngespräch gegeben. Der Jungverleger schaltete sofort.

„Wo sind die Texte deiner Frau?"

„Darüber wollte ich mit dir reden. Sie hat neuerdings eine Scheu, sie aus der Hand zu geben, sie von Leuten lesen zu lassen, die sie nicht kennt. Ich hab ihr von dir erzählt, sie glaubt mir alles, was ich ihr von dir gesagt habe, aber sie bittet dich – und ich bitte dich auch – dir etwas vorlesen zu lassen. Wenn du das nächste Mal kommst. Das ist hoffentlich bald." Der Jungverleger sah auf seinen Kalender.

„Ich halte am 27. im Literaturhaus ein Referat über ‚Vertriebsmöglichkeiten für neuere Literatur'. Wir könnten uns am Nachmittag –"

Sie fixierten einen Treffpunkt in der Bar. Eine dichtende ehemalige Animierdame aus erster Gesellschaft mit psychologischen Vorstudien kennen zu lernen war für den Jungverleger von hohem Reiz.

Als er kurz nach vier Uhr Nachmittag in die Bar kam, saßen der Freund und dessen schreibende Frau schon an einem der schwach beleuchteten Tische. Tageslicht hatte ja keine Chance, je in diesen Raum einzudringen. Während der Begrüßung und der Danksagungen für Bereitschaft und Interesse bewertete der Jungverleger die potenzielle Autorin optisch. Er fand sie sehr gut aussehend, vom Nachtgeschäft nicht gezeichnet, aber da konnte natürlich das schwache Licht das Seine dazutun. Sie war groß, vielleicht etwas zu schwer, im Gesicht ganz leicht aufgedunsen, wie von regelmäßigem Medikamentenkonsum. Auffallend war ihre Allüre. Sie benahm sich ein wenig wie eine Bestsellerautorin, die einem Jungverleger eine Chance geben möchte. So empfand der das jedenfalls.

Sie würde gerne das Neueste vorlesen, das, woran sie gerade arbeite, eine Erzählung. Eine von vielen.

Sie las vor. Sehr gut. Ihren Stil phonetisch auskostend. Die Geschichte handelte von einer Frau, die aus dem Fenster sieht und auf der anderen Straßenseite Merkwürdigkeiten beobachtet. Der Text folgte diesen Merkwürdigkeiten, sprang hin und her, wucherte mit Assoziationen und Bildern. Aber immer, wenn der Jungverleger annehmen wollte, jetzt ginge es mit einem Handlungsstrang los, kam wieder etwas anderes, mutwillig Hinzugefügtes, wie er für sich urteilte. Irgendwann, für ihn nach einer Ewigkeit, sagte sie:

„Da bin ich jetzt."

Seine Frage war erzwungen.

„Und wie geht es weiter?"

„Das weiß ich nicht."

Der Jungverleger sah zu seinem Freund, dem Mann dieser Autorin, und wollte von dem den Satz hören: Das ist doch nicht dein Ernst? Aber in dessen Gesicht stand nur

Verklärung, Bewunderung, Anbetung des Geheimnisses, der Rätselhaftigkeit.

Die Frau des Freundes erklärte:

„Ich weiß nie vorher, wie eine Geschichte weitergeht. Sie entwickelt sich."

„Also, auf die Gefahr hin, dass Sie mich jetzt für ich weiß nicht was halten, das ist für mich –"

„ – dilettantisch?"

„Ja. Eine Erzählung, die nicht auf ihren Schluss hin geschrieben wird, ist für mich – "

Sie unterbrach abermals.

„Da bin ich für Sie die ganz und gar Falsche."

Sie wandte sich an ihren Mann, während sie die Manuskripte wieder zusammenräumte und in einer großen Tasche verstaute.

„Ich habe dir gesagt, es hat keinen Sinn. Der Geschmack deines Freundes ist " – ihr Gesicht bekam etwas Hoheitsvolles – „sagen wir: sehr irdisch."

Sie wechselte den Ansprechpartner.

„Ich habe ja in Ihrer preisgekrönten Reihe herumgelesen. Mich langweilt das alles tödlich. Aber ich danke jedenfalls für das Interesse."

Mit dem letzten Satz und einem eleganten stummen Gruß verließ sie das Lokal.

Die beiden Männer sahen einander hilflos an. Der Barbesitzer versuchte zu erklären.

„Du darfst das nicht falsch verstehen. Das ist alles nicht so gemeint, wie sie es sagt. Es ist nur die Enttäuschung, dass dir ihre Art zu schreiben nicht gefällt. Sie erträgt keine Niederlagen mehr, verstehst du das?"

„Warum schreibt sie dann nichts Brauchbares? Ich kenne deine Geschichte, ich kenne ein wenig ihre Geschichte, aus beiden macht ein guter amerikanischer Erzähler je fünf Romane. Ich mute doch meinen Käufern nicht zu, von jeder Hausmauer zu erfahren, welche Grautöne sie zeigt und welche Ornamente die Risse im Putz ergeben und welche Welten sich hinter den Ornamenten ... Das ist – sei mir nicht bös – alles auf Dichtung gequälte ... Tut mir Leid."

Den beiden gelang es in der Folge mit Mühe das Gespräch auf andere Themen zu lenken. Die personelle Entscheidung für den nächsten Biennale-Teilnehmer empörte sie gleichermaßen.

Dass das Urteil des Jungverlegers so hart ausgefallen war, nagte im Barbesitzer weiter. Als sie schon auf der Straße standen, um wieder auseinander zu gehen, sagte der:

„Weil du das mit dem Grau der Hausmauern gesagt hast und mit den amerikanischen Erzählern, die schreiben doch von jedem Baum, an dem einer vorbeigeht, wie viele Blätter der hat und wie jedes einzelne in der Sonne glitzert."

„Das machen sie aber nicht, weil sie es für Dichtung halten, sondern weil ihr Agent einem Verlag fünfhundert Druckseiten versprochen hat. Das ist Seitenfüllung aufgrund ökonomischer Zwänge."

Der Barbesitzer mochte das nicht ganz glauben.

Zwei Wochen später traf im Verlag in der Provinz ein Paket mit Manuskripten ein. Im Begleitbrief bat der Barbesitzer zu verstehen, er leide unter der Depression seiner Frau, er wolle daher noch einmal ersuchen, das Urteil über ihre Arbeiten zu überprüfen, er habe hinter ihrem Rücken die Manuskripte kopieren lassen, sie wisse von der Einsendung nichts. Durch einige sehr herzliche, sehr persönliche Wendungen am Ende des Schreibens fühlte sich der Jungverleger tatsächlich verpflichtet, noch einmal – gewissenhaft – zu lesen. Zumal ihm diese Szene in der Bar, wenngleich er sie ja nicht inszeniert hatte, im Nachhinein unangenehm war. Er war Geschworener bei einem Standgericht gewesen. Und zwar der einzige.

Noch in derselben Nacht las er. Seine Politologin hatte er so neugierig gemacht, dass sie einiges mitlas. Irgendwann einmal sagte sie:

„Schreiben kann die Frau."

„Bestreite ich ja nicht. Aber du wirst doch zugeben, das ist alles unüberprüfbarer Schwampf. Ich kann damit nichts anfangen."

„Schreiben kann sie."

Der Jungverleger wollte nicht wieder krass ablehnen, nicht verletzen. Er nahm sich vor, den nächsten Arbeitsbesuch in der Hauptstadt – eine Vertretertagung war geplant – zu einem persönlichen Gespräch zu nützen.

Die Bar war übervoll. Ein Tanztheater feierte eine Premiere. Es war eine in jeder Hinsicht geschlossene Gesellschaft. Die Menschen sahen alle anders aus als die, die der Jungverleger kannte. Wortfetzen, die sich mit dem vorangegangenen Kunstereignis befassten, machten es ihm unmöglich, in ein Gespräch einzusteigen. Er trank vor sich hin. Einigermaßen entspannt, denn das Vertretergespräch war sehr in seinem Sinne verlaufen.

Der Barbesitzer hatte zunächst kaum Zeit für ihn, er musste als Hausherr die Honneurs machen und ausgiebig gratulieren. Er hatte dieser Premiere natürlich beigewohnt.

Erst viel später konnte er sich „in Ruhe" zu seinem Freund setzen. Der war zu diesem Zeitpunkt schon leicht blau, also für ein professionelles Gespräch nicht mehr ideal disponiert. So geriet ihm seine Begründung, warum die Literatur der Frau seines Freundes in seinem Verlag keinen Platz hätte, zu sehr als Lob der Dichtung. Man dürfe seine Ablehnung nicht als negative Wertung verstehen, es handle sich fraglos um eine hoch begabte Person, aber ein Verlagsprogramm habe einen gewissen Charakter, und der

Charakter seines Verlagsprogrammes sei eben ein gegensätzlicher. In den von Natur aus traurigen Augen des Barbesitzers tauchte immer wieder einmal ein glückliches Leuchten auf. Er hörte nur die positiven Wendungen in der Suada seines Gegenübers. Als die Premierenfeier schon in Agonie übergegangen war, ging er mit geheimnisvollem Gesichtsausdruck in seine Bürokammer und kam mit einem Text zurück.

„Das ist das Letzte, was sie geschrieben hat. Und du bist schuld daran. Du hast es angeregt. Ich habe deine Anregung nämlich weitergegeben. Es ist *meine Geschichte.*"

Der Jungverleger fühlte sich gut. Groß. Er war Pate eines Werkes, hatte wahrscheinlich eine Verirrte auf den rechten Weg zurückgebracht.

„Das interessiert mich brennend", sagte er.

Wie er ins Hotel gekommen war, wusste er nicht mehr so genau. Da waren noch Bilder von einem Gespräch mit einer Tänzerin, dann Ohrfeigenandrohungen von einem sehr athletischen Tanzkünstler und die Stimme des Barbesitzers, der einem Taxifahrer den Hotelnamen nannte.

Neben dem komplett bekleideten Jungverleger lag auf dem Bett ein Manuskript. Jetzt erinnerte er sich an alles. Er begann sofort nach dem Duschen zu lesen.

Er wurde immer verstörter. Es las manches zweimal. Es half nichts. Diese, dem Umfang nach Erzählung – Novelle? –, sollte die Geschichte des tschechischen Emigranten sein? Des klassischen Musikers, der sich in einer politisch motivierten Prügelei seine Karriere ruiniert hatte, der eine Großbürgertochter auf Abwegen kennen und lieben gelernt hatte und der …? Alles, was den Jungverleger an der ihm bekannten Vita interessiert hätte und von dem er überzeugt war, es würde auch Leser interessieren, kam nicht vor. Und wenn, dann so verklausuliert, dass es nicht erkennbar war. Der Musiker war ein Geiger geworden, und sie eine Krebskranke, für die er eine „heilende Melodie“ schreiben wollte. Den Jungverleger schüttelte es. Das mit dem Krebs war ihm zu viel.

Das ist Kitsch, das kann mir keiner einreden, dass das nicht Kitsch ist. Auf einmal kommt da der Krebs daher, der mit der Geschichte nichts, aber auch schon gar nichts zu tun hat. Nein, aus, ein für alle Mal! Und diesmal werde ich es ihm auch knallhart sagen.

Er sagte es ihm nicht knallhart. Aber er sagte es ihm. Und das Wort „Kitsch“ fiel. Möglicherweise in Verbindung mit einem „fast schon“. Und irgendwann begann er es auch mit den Opernschlüssen zu vergleichen, die auf dem Eintreten von Schwindsucht basieren. Die beiden Männer saßen in einem Kaffeehaus. Der Jungverleger wollte das Manuskript zurückgeben. „Du kannst es behalten“, sagte der Barbesitzer, „es ist eine Kopie. Sie soll nicht wissen, dass du es schon gelesen hast.“ Er war seinem Gegenüber nicht böse. Aber er strahlte eine nicht mehr konsumierbare Traurigkeit aus.

Vor dieser Traurigkeit hatte der Jungverleger Angst. Die wenigen Male, die ihn der Weg im Laufe etwa eines halben Jahres in die Hauptstadt führte, mied er die Bar. Immer wieder nahm er sich vor, wieder einmal vorbeizuschauen, zumal wenn in der Gesellschaftsspalte etwa zu lesen war, eine rumänische Pantomimin oder Künstler ähnlicher Exotik hätten dort einen Erfolg gefeiert. Eines Tages meinte er endlich, es sei genug Zeit vergangen, man müsse jetzt wohl nicht mehr über die Literatur der schreibenden Frau reden.

„Schön, dass du von selbst kommst“, sagte der Barbesitzer. „Ich hätte dich in diesen Tagen angerufen und gebeten zu kommen.“

Die Bar war fast leer. Der Jungverleger dachte: Das ist

Kitsch, dass die Bar so leer ist. Das passt zu sehr zur Situation. Das ist Kitsch. Und er fragte sich gleichzeitig, warum ihm der Begriff einfiel. War er ein schlechtes Gewissen nicht losgeworden? Aber er hatte doch kein schlechtes Gewissen. Wieso auch?

„Erschrick nicht, aber meine Frau hat wieder was geschrieben. Es ist das Letzte, was sie schreiben kann. Sie liegt in der Klinik. Krebsklinik. Sie hat mir gesagt, ich soll dich bitten, das Manuskript selbst abzuholen. Mir gibt sie es nicht. Niemandem. Nur dir. Ich wollte es unbedingt haben. Ich hätte es drucken lassen. Im Eigenverlag. Damit ich es ihr in die Hand geben kann. Ich weiß, das ist jetzt wie der Muff aus der ‚Bohème'. Aber, wie gesagt, sie gibt es nur dir." Er begann zu weinen. „Du darfst nicht erschrecken, wenn du sie siehst. Sie hat zwei Chemotherapien hinter sich. Sie ist schon ziemlich entstellt."

Als das Taxi am Tag darauf in die Nähe der Krebsklinik kam, kündigte der Barbesitzer an: „Es ist eine wunderschöne Klinik." In der Tat, man hätte hier im Grüngürtel, angesichts einer großzügigen Architektur mit viel Weiß und hellem Blau viel eher an eine Rehabilitation als an den Tod denken wollen. Das muss eine Privatklinik sein, dachte der Jungverleger. Kann er sich das leisten? Und gleichzeitig schüttelte er tief innen den Kopf über seine Unfähigkeit, nicht realistisch zu denken.

Im Gang vor dem Zimmer ließ der Barbesitzer den Jungverleger allein. Er wolle nur nachsehen, ob sie empfangsbereit sei. Der Jungverleger kam sich elend vor. Der Gang sah aus wie in den Ärzteserien im Fernsehen. Hie und da tauchte eine männliche oder weibliche Figur in medizinischer Kostümierung auf.

Aber es ist selbstverständlich, dass ich ihm diesen Wunsch erfülle. Und wie auch immer dieser Text sein wird, ich werde lügen. Ich werde sagen, er ist wunderbar.

Bei nächster Gelegenheit wird er gedruckt. Vor dieser Szenerie ist der Versuch literarischer Wahrheitsfindung doch kindisch. Geradezu blöd. Aber wie stark muss der Antrieb dieser Frau sein! Ich würde, wüsste ich, es geht zu Ende, doch nicht mehr schreiben. Wozu denn? Für wen?

Solche Gedanken gingen ihm durch den Kopf. Über die Manusblätter meines Lebens rollt die Tinte Tod.

Fang jetzt nicht auch an Kitsch zu dichten, rief er sich zur Ordnung, du nicht auch noch!

Der Barbesitzer kam heraus.

„Sie freut sich. Und sie schämt sich nicht vor dir. Sie will die Perücke gar nicht aufsetzen."

In einem großen, hellen Raum stand ein einzelnes Bett. Darin saß, fast aufgerichtet, eine kahlköpfige Frau, dadurch auf eine seltsame Art schön, mit jenem leicht spöttischen Gesichtsausdruck, den der Jungverleger kannte. Der Zug um den Mund verriet, sie hielt sich unirritierbar für klüger und begabter als den Besucher.

Der setzte sich in einen von zwei eleganten Fauteuils. Der Barbesitzer ging vor dem reichlich mit Blumen geschmückten Fenster auf und ab.

Als sie sprach, hatte der Besucher Mühe nicht zu erschrecken. Ihr war eine reine Artikulation nicht mehr möglich. Da drückte ein Tumor auf Nervenzentren.

„Das ist sehr schön, dass Sie mich besuchen."

„Ich höre, Sie machen das Beste aus der Zeit bis zum Gesundwerden. Sie schreiben. Sie haben etwas fertig? Es freut mich besonders, dass Sie es mir anvertrauen wollen."

Der Spott in ihrem Gesicht war noch deutlicher da. Bezog er sich auf das „Gesundwerden" oder auf das „anvertrauen"? Sie holte mit einiger körperlicher Mühe aus der Nachttischlade zwei dicke Notizbücher.

„Alles mit der Hand geschrieben", sagte sie. „Sie dürfen erst lesen, wenn Sie allein sind. Versprochen?"

„Versprochen."

Sie händigte die beiden Bände aus.

Ihr Mann wollte das Thema wechseln. Er sprach von einer positiven Prognose des Chefarztes. Ihr Gesicht signalisierte: Ich möchte in Ruhe gelassen werden.

Vor der Klinik trennten sich die Männer. Der Jungverleger wollte jetzt gleich und allein lesen. Er versprach seinem Freund sich danach sofort zu melden.

Er setzte sich in ein elendes Espresso schräg gegenüber und schlug gleichzeitig mit der Bestellung das erste Buch auf. Auf dessen erster Seite stand ein Datum, darunter das Wort *Kitsch.* Auf der nächsten Seite das Datum des darauffolgenden Tages. Darunter das Wort *Kitsch.* Hastig griff er zum zweiten Buch und schlug eine der letzten Seiten auf. Da stand wieder ein Datum und das Wort *Kitsch.*

Der Jungverleger sah durch die dreckigen Fenster des Espressos zur Klinikfassade auf der anderen Straßenseite. Es fröstelte ihn. Diese Art der Rache war ihm unfassbar. Oder war es gar keine Rache? War es ein echtes, auf das Wesentliche reduziertes Tagebuch? Das Notat des Bodensatzes jeglicher Existenz?

Zu klären war das nicht. Und Ehrlichkeit war schon überhaupt nicht mehr möglich.

Zwei Stunden später rief er den Barbesitzer an und erzählte von einem spannenden, hochinteressanten Text, den man vielleicht noch würde ein wenig kürzen müssen, oder, wie er gerne zu sagen pflegte, in der Sauna ausschwitzen lassen. Aber ganz sicher würde er in der geplanten Anthologie „Geschichten und aber Geschichten" des Herbstprogrammes vorkommen. In einem Dankesbrief seines Freundes las der Jungverleger dann drei Tage später, dessen Frau habe bei der Mitteilung richtig gelacht, so glücklich sei sie gewesen.

Der Jungverleger druckte in der Anthologie „Geschichten und aber Geschichten" den Text ab, in dem ein Geiger gegen einen Krebs angeigte. Seine Mitarbeiter begriffen diese Wahl nicht. Sie erhielten aber keine Auskunft. Man einigte sich auf den Verdacht einer Liaison.

Eines der ersten Exemplare des Bandes überbrachte der Jungverleger seinem Freund persönlich in die Bar. Er begründete die Wahl des älteren Textes mit dem thematischen Bogen des Buches. Den letzten Text, den aus der Klinik, würde er vielleicht einmal in anderem Zusammenhang publizieren können, mit dem Schwerpunkt Tod. Der Barbesitzer nahm das Buch, dessen Rückseite die Namen der beteiligten Autoren alphabetisch aufzählte, so auch den seiner Frau, zärtlich in die Hand.

„Das werde ich dir nie vergessen."

Das „Schade, dass sie es nicht mehr erlebt hat" brachte er nicht mehr heraus.

Auch die offizielle Buchpräsentation fand in dieser Bar statt, obwohl die viel zu vielen Gäste keinen Platz darin fanden. Ein Kenner gratulierte dem Jungverleger unter besonderem Hinweis auf dessen Fähigkeit, immer wieder neue, interessante Autoren aufzuspüren.

Spät in der Nacht gestand der Barbesitzer, er werde das Lokal nicht mehr halten können und ein Engagement als Klavier-Entertainer bei einer großen Hotelkette antreten.

Nicht das auch noch, dachte der Jungverleger.

Des Vaters schöne Stimme

Da war er wieder. Der See. Da gaben die Lücken zwischen den alten Villen und neuen Wohnkästen den Blick auf das Wasser immer wieder für Momente frei. Der Dirigent lehnte am Gangfenster des ICE. Die Bilder kamen. Da sind wir damals mit dem Boot ... Das ist der Tennisplatz, auf dem wir die Wette im fünften Satz des Doppels verloren haben. Dort müsste der Strandpavillon gewesen sein, in dem in diesem einen Sommer der Bandleader ein so besonders schlechtes Toupet getragen hatte.

War der Pavillon wirklich dort? Sind wir nicht längst schon vorbei?

Der Dirigent ging in sein Abteil zurück. Er genoss es, allein zu sitzen. So lange war es nicht her, dass er zweiter Klasse gefahren war. Aber jetzt hatte er das erste Jahr dessen hinter sich, was man als Beginn einer großen Karriere bezeichnen kann. Er war vom Generalmusikdirektor eines großen Opernhauses zum Ersten Kapellmeister gemacht worden, hatte nachdirigiert, was gut und teuer war und auch schon eine eigene Premiere gehabt. Verdis „La forza del destino". Die Kritiken waren so überschwänglich, dass der GMD sich gezwungen sah, im kollegialen Gespräch einige kleine Einwände zu formulieren.

Was hatte er noch an Neuem drauf? Den „Rosenkavalier".

Natürlich muss man den können. Wen interessiert, dass ich das Stück für musikalisch wertlos, für leicht durchschaubare Spekulation halte? Wenn Kitsch, dann bitte gleich Lehár. Unverstellte, nicht weggeschwindelte, rinnende Sentimentalität. Fett. Wieso nicht? Gänseleber. Isst man vorsichtshalber auch sehr selten.

Nein, ich sage nicht immer, was ich denke. Eigentlich nie, wenn ich das Gefühl habe, es könnte der Karriere schaden. Mir imponiert, dass dieser große alte Dirigent aus Frankreich kundtut, es würde ihm bei Puccini übel werden, also dirigiere er ihn nicht. Dieses Urteil ist falsch, grundfalsch. Es ist absolut nicht haltbar. Aber mir imponiert, dass der Mann es laut ausspricht. So weit bin ich noch lange nicht. Aber ich bin weit. In zwei Jahren kommen die „Meistersinger". Und um meine Lieblingsoper werde ich kämpfen. Ich werde „Falstaff" dirigieren. So, wie ich ihn dirigieren werde, hat man ihn noch nicht gehört. Inspiriert wie Toscanini, präzise wie Karajan, extrem wie Bernstein. Ich habe alle Aufnahmen im Kopf. Ich werde sie vereinen.

In zwanzig Minuten wird der Bahnhof in der Stadt am Westende des Sees erreicht sein. Dort wird der Vater ihn abholen. Die Mutter, so war ihm angekündigt, wird zu Hause mit dem Festessen warten.

Der Dirigent hatte sein Elternhaus in den letzten Jahren nicht gerade gemieden, aber sein Auftauchen in der Heimatstadt auf das Nötigste beschränkt, abgekürzt, wie er nur konnte, oft unter Vorspiegelung nicht existierender Termine. Denn immer wieder hatte man ihn mit Fragen nach dem Fortgang der Karriere gequält, Fragen, die Zweifel enthielten, die ewig die Sorge wiederkäuten, er sei den falschen Weg gegangen, sein Talent reiche nicht aus, um eines Tages zu den Wesentlichen zu gehören, um die sich in der Gesellschaftssendung des Fernsehens die Kameras balgten. Und diese Art Prominenz war für die Eltern des Dirigenten das Kriterium, die einzige Rechtfertigung, die Angebote einer bürgerlichen Laufbahn ausgeschlagen zu haben. Wäre er in einer Mittelstadt auch der jüngste

Generalmusikdirektor des Landes geworden, sie hätten ihn darauf aufmerksam gemacht, dass diese Stadt eben keine Hauptstadt sei und dass in Wien, Berlin oder Milano der unwesentlich ältere Dirigent Soundso kürzlich einen großen Erfolg gehabt habe. Das sei groß in der Zeitung gestanden. Mit Bild.

Der Dirigent stand auf. Ging wieder zum Gangfenster, versuchte sich mit Sonnenglitzern auf fernen Wellen abzulenken. Aber das war jetzt nicht mehr möglich. Der Hass drohte seinen Schädel zu sprengen.

Alles, was ich erreicht habe, habe ich *trotz* erreicht. Und *gegen*. Das hat viel Kraft gekostet. Kraft, die mir für die Arbeit hätte fehlen müssen. Aber es hat dennoch geklappt. Wahrscheinlich bin ich eben besonders glücklich veranlagt. Die Gene sind in Ordnung.

Sekundenlang war Versöhnung in ihm, aber dann kam wieder der Hass.

Warum zünde ich ihnen das Haus nicht an, auf das sie so stolz sind? Jeder Richter der Welt würde mich freisprechen, vorausgesetzt, er wäre musisch.

Noch zehn Minuten. Der Dirigent stand auf und holte sein Gepäckstück aus der Ablage. Es war neu, elegant und klein.

Ich habe das Reisen gelernt, ich packe kein Teil zu viel ein. Sollte mir ein Polohemd fehlen, kaufe ich es mir im Vorbeigehen. Wenn du in meinem Beruf so ungeschickt reist wie die Bürger, kannst du dich aufhängen.

Er atmete tief ein. Es war ein Bilanzatemzug.

Du bist noch nicht dreißig, du hast es geschafft. Du kommst als Sieger. Recht hast du immer gehabt, aber jetzt kannst du es beweisen. Mit Beweisen, die sie verstehen. Es ist die Stunde null. Kein Blick zurück.

Der ICE fuhr in den Hauptbahnhof ein. Der Vater stand natürlich nicht dort, wo laut Wagenstandsanzeiger die 1. Klasse zu erwarten war.

Der hat immer noch nicht begriffen, dass ich schon lange nicht mehr … Oder er weiß nicht, dass es einen Wagenstandsanzeiger gibt. Auch möglich.

Jetzt wird er alt, dachte der Dirigent, als die Männer aufeinander zugingen. Während der Umarmung sagte der Vater: „Die Kritiken waren ja fantastisch." Er meinte die nach „La forza del destino". Der Sohn hatte sie in der Dramaturgie kopieren und nach Hause schicken lassen. Es müssen etwa zwölf gewesen sein.

„Ja, es läuft wunderbar."

„Und du verstehst dich gut mit deinem Chef? Nach wie vor?"

„Bestens."

Sie kamen aus dem Bahnhofsgebäude.

„Wir müssen mit dem Taxi fahren", sagte der Vater, fast verschämt, als ob das ein Unglück wäre, „mein Wagen ist in der Werkstatt. Das linke Bremslicht spinnt."

„Würde es dir was ausmachen, zu Fuß zu gehen?"

„Aber du hast doch Gepäck."

„Ist ganz leicht."

Sie gingen wortlos nebeneinander her.

Der Vater begann leise die berühmte Stelle aus der Ouvertüre der „Macht des Schicksals" zu singen: „dadadadam dadadadam dadadadam dadada." Als der Dirigent nicht reagierte, wiederholte der Vater die Phrase lauter. So laut, dass Passanten hinzusehen begannen. Der Vater brach ab. Er riskierte einen scheuen Seitenblick zu seinem Sohn. Der schien nichts gehört zu haben und sich nur über seltsame Brunnen in der neuen Fußgängerzone zu wundern.

Die Stimme, das musste kommen. Er will mir wieder

zeigen, dass er eine Stimme hat, gehabt hätte, noch hat. Mit der Stimme bin ich aufgewachsen. Mit der Stimme des Sparkassendirektors. Die Mutter behauptete, sie habe ihm immer gesagt, er solle sich ausbilden lassen, es sei ewig schade um die „schöne Stimme“. Erst nach Jahren hatte der das Klavierspiel erlernende Sohn begriffen, es war alles gelogen. Wozu hätte der Vater die Stimme ausbilden lassen sollen? Um in der Stadtsparkasse zu singen? Nie würde er des Gesanges wegen diese Stelle aufgegeben, nie würde die Mutter das geduldet haben.

Aber die frühe technische Reife des Klavierspielers, seine besondere Fähigkeit im Vom-Blatt-Spielen, hatten sie ausgenützt. Wenn Besuch kam, wurden gnadenlos die Noten der Loewe-Balladen hingelegt. Und nach „Die Uhr“ und nach „Tom der Reimer“ gab es allzeit viel Lob für die schöne Stimme. Wenn der Herr Sanitätsrat sagte, das hätte doch für die große Oper gereicht, war der Vater selig und die Mutter stolz. Manchmal wurden auch die pianistischen Fortschritte des Sohnes der Erwähnung wert gefunden. Ja, er spiele schon sehr brav, hatte der Vater bestätigt. Aber das hatte keinen verwundert, denn der Sohn studierte ja das Klavierspiel am Konservatorium. Um später einmal als Rechtsanwalt oder Hals-Nasen-Ohren-Spezialist Hausmusik machen zu können. Vielleicht als Begleiter einer begabten Tochter.

Ich habe euch etwas geschissen. Ich bin euch entronnen. Aber wie war es möglich, dass ich ihm damals keinen Tritt gegeben habe, als er sagte, ich spielte „brav“? Wie war das möglich?

Sie kamen ins Stadtzentrum, in die Nähe des von sorgsam renovierten alten Bürgerhäusern umsäumten Marktplatzes.

„Na, was ist?“, sagte der Sohn, „gemeinsam eine Selchwurst? Mit viel scharfem Senf? Erinnerst du dich, damals nach dem Kino – und wie du deine neue Krawatte von oben bis unten –?“

Der Vater konnte sich nicht mehr erinnern. Und er meinte, die Mutter würde doch mit dem Essen warten, es wäre völlig unsinnig, davor noch eine Wurst zu essen. Davon abgesehen, die Qualität der Würste auf diesem Markt sei sehr zurückgegangen. Das seien nicht mehr die Würste, wie man sie *seinerzeit* hier verkauft habe, als er noch nicht im Ruhestand war. Auf die Frage des Dirigenten, ob denn der Vater in letzter Zeit einmal eine Wurst probiert habe, kam ein Nein.

Der Dirigent bestand auf einem kleinen Umweg durch einen ihm wohl vertrauten Park. Dort wollte er die Bilder spätpubertärer Szenen abrufen, wie er einem Mädchen erklärt hatte, man müsste den Tod des Posa, die Mahnung an Carlos, sich um Flandern zu kümmern, viel dramatischer dirigieren, als dieser Herumruderer es getan habe.

Das war die Bank. Und da oben war der Sternenhimmel. Der Dirigent kam nicht dazu, sich zu fragen, ob dieses Mädchen – wie sah sie eigentlich aus? – verstanden hatte, worum es ihm gegangen war.

„Ich möchte dich etwas fragen“, begann der Vater einen Text, den er stumm offenbar schon vorformuliert hatte. „Du kennst dich doch gut aus in diesen Dingen. Ich würde gerne eine Aufnahme machen, weißt du, in einem Tonstudio, auf ein Tonband, damit etwas bleibt. Du könntest mich doch begleiten, ein paar Lieder. Nur so als Andenken. Du weißt, dass ich mittlerweile meinen zweiten Bypass habe. Sehr lange werde ich meinen Ruhestand wohl nicht mehr genießen können. Und da wär's doch schön, wenn von der Stimme etwas bliebe. Oder was denkst du?“

„Warum nicht?“

Der Dirigent erklärte, sich um einen Termin in einem Tonstudio kümmern zu wollen, er wisse auch schon, falls es noch existierte, in welchem. Der Vater bat, der Mutter von dem Vorhaben nichts zu erzählen. Das Band sollte eine Überraschung sein.

„Warum keine CD?“, fragte der Dirigent. „Das ist heute kein Problem mehr.“

„Da habe ich doch kein Abspielgerät.“

Natürlich nicht, dachte der Dirigent. Meine alten Kassettenrekorder kugeln noch irgendwo herum. Aber dazugekommen ist nichts.

Das Essen im Elternhaus bestand zwar aus Lieblingsspeisen des Dirigenten – der gerollte Kalbsnierenbraten war gut, das Risi-Pisi unübertrefflich –, aber die Tischgespräche verdarben dem Sohn des Hauses den Appetit. Denn nach kurzem und bewunderndem Rückblick auf gehabte Erfolge drehten sich die mütterlichen Fragen nur mehr um das Kommende, das zu Erwartende, das möglicherweise dann nicht mehr so Erfolgreiche. Rasch trank der Dirigent ein Glas Rotwein nach dem anderen, um die Anbahnung von Gesprächen über Existenzangst zu überhören. Aber der Wein war widerlich. War es die klebrige Leere oder waren es die Kristallgläser? Zum Glück war der Alkoholgehalt hinreichend, um die Analyse sehr bald nicht mehr zuzulassen.

Als die Mutter mit geheimnisvollem Gesicht den Esstisch verließ, um die „große Überraschung“ zu bringen, es konnte sich nur um ein Lieblingsdessert aus der Kinderzeit handeln, das der Dirigent längst nicht mehr leiden konnte, hatten die Männer die Gelegenheit, die Intrige zu planen. Der Dirigent würde morgen schon versuchen, einen Studiotermin zu bekommen, der Vater mittlerweile Noten, welche auch immer, zusammenstellen, und dann sollte das Produzieren eines Bandes in beliebiger Länge kein Problem sein. Der Vater sprach mit einiger Ängstlichkeit auch die zu erwartenden Kosten für das Studio an. Der Sohn überhörte das.

Erstens weiß ich es nicht genau. Zweitens kann er es sich leisten. Drittens wird der alte Geizkragen doch nicht glauben oder hoffen, ich würde ihn drauf einladen.

„Wenn du den Mann gut kennst, macht er dir sicher einen guten Preis“, sagte der Vater.

Noch so einen Satz und ich breche mir heute nacht den Mittelfinger, dachte der Sohn.

Die unvermeidliche Debatte begann. Warum der Sohn denn nicht in seinem Elternhaus schlafe. Sein altes Zimmer sei immer noch seines. Man habe nichts verändert, ein paar Dinge für den Haushalt seien vielleicht vorübergehend drin abgestellt worden, aber die könne man zur Not ja auch heraustragen. Aber sonst sei das Zimmer so, wie der Sohn es verlassen habe, als er in die Stadt mit der berühmten Musikhochschule gezogen war.

Der Dirigent wollte das Zimmer gar nicht sehen.

Sie wissen nicht, dass viele Jahre vergangen sind. Sie wissen nicht, sie können nicht begreifen, dass ich kein Interesse habe, dem Menschen zu begegnen, der ich damals war. Ich bin Dirigent, ein sehr guter Dirigent, ein Star von morgen, ich werde meinen früh gealterten, nicht mehr gesunden Vater auf dem Klavier begleiten, damit von der *schönen Stimme* der Nachwelt, welcher auch immer, was bleibt, aber sie sollen mich mit meiner Jugend in Ruhe lassen.

Er erklärte, Hotelzimmer schon allzu gewohnt zu sein, er würde sich jetzt im ersten Haus am Platz eines bestellen und sei sicher, eine Juniorsuite um den Preis eines Business-Zimmers zu bekommen. Die Eltern sahen einander besorgt an. Die Blicke sagten: Ob das gut ausgeht? Der Blicktausch war verstohlen, eingeschüchtert, aber da der Dirigent ihn mit der Präzision eines Tutti-Einsatzes erwartete, sah er ihn natürlich.

Ruhig bleiben. Nichts bemerkt haben. Ruhig bleiben. Nicht losbrüllen wie in der letzten Woche, weil der Fagottist zum dritten Mal hintereinander zu früh einsetzte.

Der Dirigent lag quer über dem Bett einer Juniorsuite. Er las in der Zeitung den Spielplan des Theaters. Dort gab es im *Großen Haus* an diesem Tag aber Ballett. Das interessierte ihn nicht. Die Male, da er selbst Ballett dirigieren musste, hatten ihm für immer gereicht.

Bei Sängern weiß ich, spüre ich, wann sie großen Atem haben oder wann sie verrecken. Da kann ich helfen. Aber bei den Tänzern? Einmal wollen die schneller hüpfen, einmal langsamer. Ich sehe überhaupt nicht ein, warum sich musikalische Interpretation von Übergewicht abhängig machen soll. Dann wird man womöglich noch verrissen. Wegen Uninspiriertheit. Gibt es in der gesamten Kunst eigentlich etwas Blöderes als ein so genanntes Handlungsballett?

Nein, er würde jetzt noch ein wenig dösen und dann, am späteren Abend, in die Szenelokale von einst schauen. Da müssten doch noch Menschen erkennbar sein, oder ihn erkennen. Womöglich weibliche.

Die Sache mit dem Tonstudio hatte er hinter sich. Er hatte eines, das ihm vom Namen her vertraut war, angerufen. Der Mann, dessen Namen das Studio trug, erkannte ihn mit der Rückfrage: „Der Dirigent?" sofort und duzte ihn.

Während der Gesprächspartner nachwies, die Karriere des Dirigenten ganz genau verfolgt zu haben, dämmerte diesem, wer der Tonstudiobesitzer sein könnte. Ein ehemaliger Jazzer, der immer von großen Crossover-Projekten erzählt, sie aber nie realisiert hatte. Das Vorhaben mit der Aufnahme der Stimme des Vaters fand er rührend. Wirklich zufälligerweise habe er morgen und nur morgen ein zwei- bis dreistündiges Loch. Ab dann sei die gesamte Studiokapazität zwei bis drei Tage blockiert. „Bis die Idioten halt fertig sind", sagte der Studiobesitzer, ohne zu klären, wen er damit meinte.

Danach hatte der Dirigent den Vater angerufen, ihm Ort und Zeit genannt. Der erzählte, er habe – hinter dem Rücken der Mutter – die Noten schon zusammengesucht, es seien viel zu viele, aber man könne ja dann im Studio auswählen.

Der Dirigent schlief nur oberflächlich ein, mit einem Viertel von Restbewusstsein. Er befragte sich über seinen Vater. Über dessen Stimme.

Hätte der Sänger werden können? Von der Stimme her – vielleicht. Mag sein. Aber doch nie von der persönlichen Struktur! Ich weiß, was es heißt, zu singen. Das ist in erster Linie ein Bekenntnis zu einer Art zu leben. Zum Sänger gehört mehr als eine Stimme. Viel mehr, als es sich ein Sparkassendirektor selbst mit der Röhre eines Caruso träumen lassen kann. Die Stimme eines Sparkassendirektors ist für immer und ewig die Stimme eines Sparkassendirektors und niemals die eines guten Sängers. Aber wer sagt mir, dass sich der Sparkassendirektor nicht hätte häuten können? Der Gesang, an den ich mich erinnere, ist der Gegenbeweis. Er hat immer mit der Unvollkommenheit gespielt. Hatte er mit großer Stütze den Bogen der Melodie in die Höhe geführt, in der höheren Mittellage schon gepresst, schwindelte er sich mit der koketten Entschuldigung: Ich bin ja kein Sänger! oder: Das ist für einen Bariton zu hoch! über die extreme Stelle, um dann in gesicherter Mittellage wieder mit Volumen und Wohlklang zu protzen. Und damit war das Gespräch wieder und immer wieder in Gang gesetzt, was aus dieser Stimme zu machen wäre und später, was aus dieser Stimme zu machen gewesen wäre.

Es gab nur zwei Gelegenheiten, bei denen er die Höhe

schamlos und exhibitionistisch herausließ. Das war beim Wein, nach dem Niedersaufen der Hemmungen, und im Auto auf der Urlaubsfahrt zu dritt in den Süden. Da hörte der kleine Sohn die Lieder und Arien pausenlos, und wenn es hoch und sehr laut wurde, sagte die Mutter: „Du schreist."

Der Dirigent wälzte sich auf dem Hotelbett.

Aber wegen dieser Brüllereien bin ich heute Operndirigent. Durch ihn habe ich die Lieder gelernt, die ich dann aus dem Radio oder im Theater wieder gehört habe. Durch ihn wurde ich Musiker, das ist nicht zu bestreiten, dafür schulde ich ihm wenigstens zwei Stunden Klavierbegleitung. Ob das Timbre noch da ist? Warum eigentlich nicht? Überfordert hat er die Stimme ja nie.

Aber, war das peinlich, wenn ich Besuch hatte von Kollegen oder Kolleginnen aus dem Konservatorium, wenn wir einander vorspielten und er plötzlich hereinkam und sich gesanglich einschalten wollte! Oder wenn wir nur zusammensaßen und er ohne Sinn und Anlass ein Lied anstimmte! In der Hoffnung, ein junger Mensch würde zu mir sagen, dein Vater hat aber eine schöne Stimme. Heute noch rinnt mir der Schamschweiß herunter. Heute noch.

Der Dirigent wurde völlig wach und sah auf die Uhr. Es war später Abend geworden. Fortgehen war wohl schon sinnlos. Zwei Glas an der Hotelbar mussten reichen.

Von zehn bis dreizehn Uhr war das Studio bestellt. Um sieben schon konnte der Dirigent nicht mehr schlafen. Es war wie bei einer Generalprobennervosität. Erst sah er aus dem Fenster seines Hotelzimmers die morgendliche Geschäftigkeit in von nächtlichem Regen frisch gewaschenen Straßen, riss das Fenster auf und turnte sein Programm für Schultern- und Bauchmuskulatur. Im Spiegel des Bades sah er während des Zähneputzens, dass das Hotel die regionale Tageszeitung durch die Zimmertür geschoben hatte. Die holte er sich, überflog die Seite eins, die ihm nichts Wesentliches mitzuteilen hatte, und schlug dann sofort das Feuilleton auf. Da las er eine Meldung, die sein Herz erwärmte, die seine Stimmung zum Tanzen brachte wie der Regen Gene Kelly. Ein Dirigentenkollege, während des Studiums vom gemeinsamen Lehrer für genial gehalten und des Öfteren auch als Ausnahmebegabung bezeichnet, würde hier, in dieser Stadt, demnächst „Zar und Zimmermann“ dirigieren. Danach würde man sich über eine engere Zusammenarbeit unterhalten.

Ist das Leben nicht schön? Dieses Großmaul. Hier, an diesem Haus und mit dieser Butzenscheibenmusik! Auf Engagement!

Der Dirigent ging – den Lift verachtend – zu Fuß über die breite, rot überspannte Hoteltreppe hinunter, jeweils drei Stufen überspringend.

Beim Frühstück bestellte er Kaffee. Doch wie er schon zum Buffet gehen wollte, schoss es ihm ein: Das ist unter meiner Würde! Auf dem Marktplatz gibt es die besten Selchwürste der Welt. Ich habe dieses Einheitsplastik nicht nötig. Meine Mutter würde entsetzt sein, müsste sie mitansehen, dass man mitbezahltes Frühstück auch ablehnen kann. Am liebsten würde ich in diese abgedeckte Pfanne spucken, in der ich die gestockten Rühreier vermute. Aber dazu bin ich viel zu gut erzogen.

Er bummelte. Im ganzen Körper das Gene-Kelly-Feeling. Auf dem Marktplatz stand wie bestellt eine Pfütze vor dem Wurststand. Der Dirigent bestellte doppelt Senf und verschlang die fette Wurst mit unendlichem Genuss. In der Fußgängerzone blieb er vor einer Litfasssäule des Städtischen Kulturamtes stehen. Er war eigentlich beeindruckt, hielt es für erstaunlich, was alles auch an Gutem in nächster Zeit zu hören und sehen sein würde.

Da hat sich doch Einiges getan.

Als er aufmerksam den Theaterspielplan für den laufenden Monat las, hörte er: „Na, wann machen Sie einmal was bei uns?"

Der Dirigent drehte sich um. Er konnte den kleinen, devot grinsenden Mann in seinen Erinnerungen nicht unterbringen.

„Man soll nie nie sagen."

„Sie wissen natürlich nicht, wer ich bin."

Der Mann zog eine Visitkarte aus der Tasche, übergab sie, sich verneigend, und ging grinsend weiter. Auf der Visitkarte stand *Tagblatt,* darunter ein dreiteiliger Name und *Kulturredakteur.*

Das Gene-Kelly-Feeling entfloh dem Körper. Der Dirigent erkannte in dem Mann einen schleimigen Rechtskonservativen. Er setzte seine Studien des Spielplans fort. Unter „In Vorbereitung" las er „Rigoletto".

Das habe ich zum ersten Mal mit meinem Vater gehört.

Er hat mich auf den zweiten Abonnementplatz in der 6. Reihe mitgenommen. Den Rigoletto würde er gerne einmal singen, hat er gesagt. Ich fand die Gilda zu dick. Heute noch ertrage ich Koloraturen nur von schlanken Frauen. Es gibt Ausnahmen. Keinesfalls dürfen sie aber blonde Perücken tragen. Das macht mich wahnsinnig.

Hätte er den Rigoletto je geschafft? Niemals. Nie. Den Monterone ja. Was heißt ja? Das hätte ihm die Mutter nie erlaubt, den Monterone. Die Partie wäre für sie zu klein gewesen. Das wäre so, wie wenn ich heute Keyborder einer Tanzkapelle an unserem See wäre. Das Ende der Familie. Der bürgerliche Untergang. Den Rigoletto hätte sie ihm erlaubt. Aber – ohne jeden Umweg – gleich an der Met. Wer von beiden ist der Schuldigere, dass der Sparkassendirektor in Ruhe seinen Sohn armselig um eine Tonaufnahme bitten muss? Ich weiß es nicht. Ich weiß nur, dass mir das Thema zum Hals heraushängt. Dass die Wurst zu fett war. Dass ich jetzt wieder meine frisch gewaschene Stadt anschauen will. Wieso klebt an dieser Litfasssäule so viel von meinem Leben?

Das Tonstudio war in einer geschickt umgebauten Jugendstilvilla mit Vorgarten installiert. Der Tonstudiobesitzer saß vor der Villa in einer Gartengarnitur und kam dem Dirigenten freundlich entgegen.

„Grüße dich, großer Star! Habe gelesen! Habe gelesen!"

Der Dirigent hielt das für unwahrscheinlich. Doch der Lobredner konnte es beweisen.

„In der *Musikwelt* natürlich. Weißt du übrigens, dass ‚Die Macht des Schicksals' in Petersburg uraufgeführt wurde?"

Der Dirigent wusste es nicht. Der Tonstudiobesitzer entpuppte sich als profunder Opernkenner von jener Informiertheit, die für Quizsendungen im Fernsehen von Nutzen, für Kunst aber gänzlich irrelevant ist. Der Dirigent versuchte das Fachgespräch abzukürzen und drängte zum Ort der Tat. Der Tonstudiobesitzer sah auf die Uhr.

„Hoffentlich kommt dein Vater pünktlich. Überziehen können wir nicht. Um eins kommen die beschissenen ‚Fidelen Untertaler'."

Die Wände des großzügigen Vorraums vor dem Studio waren zugepflastert mit goldenen und platinenen Schallplatten der „Original-Hintertaler" und des „Almmenscher-Quintetts". Der Tonstudiobesitzer meinte, den Informationsblick des Dirigenten beobachtend: „Was willst du machen? Die Kinder schreien nach Kaviar."

Er zeigte Studio, Aufnahmeräume und Technik. Es war alles vom Besten und Neuesten.

„Klavier und Gesang! Wann habe ich das zum letzten

Mal gemacht?“ Der Tonstudiobesitzer rückte Pult und Sängermikrofon noch ein wenig von einem prächtigen Konzertflügel weg. „Der Abstand dürfte ziemlich ideal sein.“

Er verließ den Raum. Der Dirigent setzte sich an den Flügel und spielte sich mit ein paar Läufen warm.

Ein wunderschönes Klavier. Ein *Bösendorfer.* Für das, was wir vorhaben, ideal.

Er versuchte sich auswendig an „Tom der Reimer“ zu erinnern, kam aber über ein paar Takte nicht hinaus. Improvisieren war nicht seine Stärke.

„Spiel noch ein bisschen“, kam aus der Technik. „Ich stelle einmal den Flügel ein.“

Der Dirigent spielte virtuose Übungen. Er genoss die brillante Stimmung des Instruments.

Das Klavier seiner Jugend stieß ihm auf. Gemeinsam mit dem Fett der Wurst vom Marktplatz. Dieses widerwärtige, durch Umsiedlungen von Sparkassenfiliale zu Sparkassenfiliale, von unterkühlten zu überheizten Räumen ruinierte Möbel. Wie hatte er es zunächst dafür geliebt, dass es überhaupt Töne von sich gab. Wie hatte er dem Vater geglaubt, als der mit Andacht erklärte, es handle sich noch um einen Flügel mit „Wiener Mechanik“. Als ob das eine wertvolle Rarität wäre, die es heutzutage gar nicht mehr gäbe. Wie traurig waren die Erkenntnisse, die danach über den Klavierschüler hereinbrachen. Als ihm der blinde Klavierstimmer erklärte, das Gerät sei technisch und damit musikalisch längst veraltet, absolut drittklassig und nie mehr auf Normal-a zu bringen, die Haarrisse im Stimmboden machten das unmöglich. Damals hatte er kritischer auf die Stimmung zu hören begonnen und begreifen müssen, seine Eltern würden das ohnehin nicht mehr sauber zu stimmende Instrument auch noch viel zu selten stimmen lassen. Nämlich aus Geiz. Aus schierem

Geiz. Da kam er wieder hoch, dieser ohnmächtige Hass. Und mit ihm die Wurst.

Sie haben mein Gehör riskiert. Wie viele mich nicht gleich akzeptierende Konzertmeister hatten ein hämisches Lächeln auf den Lippen, wenn ich nicht zu hören schien, warum sie mit Stimmungen in ihrem Orchester nicht zufrieden waren. Ich war ein Krüppel, ein musikalischer Krüppel. Ich musste mir mein perfektes Gehör später wieder antrainieren. Das hätte nicht so gelingen müssen, wie es mir gelungen ist. Ich schmeiße den Hund raus, wenn er kommt. Der soll seinen Dreck alleine singen, sich auf einem Kamm begleiten lassen.

Plötzlich kam ihm ein anderer Einfall und mit diesem wieder Mitleid. Wahrscheinlich wird er falsch singen. Das nicht mehr sauber zu stimmende Klavier mit der heute gar nicht mehr erzeugten „Wiener Mechanik" war doch das letzte Instrument, zu dem er regelmäßig gesungen hatte. Er muss doch seine Intonation völlig verschlampt haben. Er ist aller Wahrscheinlichkeit nach sein eigenes Opfer, der arme Teufel. Dieser Idiot!

„Willst du das Klavier heute noch zertrümmern?", fragte die Stimme des Tonstudiobesitzers. So sehr hatte der Dirigent hineingedroschen.

Der Vater verspätete sich um gut zehn Minuten.

„Ich musste Mutter noch was aus der Apotheke besorgen. Ich konnte ja nicht sagen, dass ich pünktlich wo sein muss, sie hätte mich doch sonst gefragt: wo?"

„Ja, was hast du überhaupt gesagt, wohin du gehst?"

„Mit dir mir einen neuen Anzug kaufen. Ich hab gern einen Fachmann dabei, denn entweder stimmt es um den Bauch, dann sind die Schultern zu breit, oder es stimmt in den Schultern, dann spannt es um den Bauch."

Jetzt sah der Dirigent, wie sehr der Vater nicht in dieses

Studio, nicht neben diesen Flügel passte. Wie er so dastand mit dem gehobenen Konfektionsanzug des Sparkassendirektors in Ruhe, mit Schuhen, deren Hässlichkeit man das Etikett „gesund“ oder „fußfreundlich“ ansah.

„Warum lässt du dir nichts nach Maß machen?“

Der Blick des Vaters hieß: Bin ich größenwahnsinnig? So größenwahnsinnig wie du?

Er hatte einen riesigen Packen Noten mitgebracht, den er auf dem Flügel abladen wollte. Der aber war halb offen, sodass die Noten herunterzurutschen drohten. Der Vater wirkte hilflos. Der Tonstudiobesitzer nahm ihm die Noten ab.

„Das wollen Sie alles singen?“

„Nein, nein. Ich wollte nur meinen Sohn die Auswahl treffen lassen.“

Der wurde ärgerlich.

„Das geht doch alles von unserer Zeit ab. Sag, was du singen willst, und wir gehen es an.“

Der Tonstudiobesitzer meinte, der Dirigent könne doch eine Vorauswahl treffen, während er die Singstimme und danach die Balance einstelle.

Der Sohn sah den Schweiß auf der Stirn des Vaters.

Der Mann hat Lampenfieber, wie es ärger nicht sein kann. Der kann nichts ansingen ohne mich.

Er griff sich das obenauf liegende Notenalbum. „Wien, Wien, nur du allein“ für Gesang und Klavier. Er spielte das Intro. Der Vater fasste Mut und begann nach dem vierten Takt mit dem Refrain.

„Den Vers willst du nicht singen?“ Der Dirigent hatte abgebrochen.

„Doch. Natürlich. Ich war nur im Moment … Fang bitte noch einmal an.“

Jetzt setzte der Vater richtig ein. Er sang mit so viel Stimme, dass es dafür nur ein Urteil gab: Er brüllte. Der

Blick des die Begleitung abbrechenden Dirigenten traf den des Tonstudiobesitzers hinter der Glaswand. Die Männer verständigten sich. Der Dirigent würde es dem Vater sagen.

„Sag, willst du beweisen, dass du Siegfried bist? Oder willst du deine Stimme aufnehmen?"

„Ich weiss jetzt nicht, was du meinst."

„Du singst unsinnig laut. So laut hast du das nie gesungen. Das ist doch nicht deine Stimme, wenn du so forcierst."

„Ich hab gedacht, für die Aufnahme –"

„Du sollst nicht an die Aufnahme denken. Du sollst ganz einfach singen. Wie zu Hause im Klavierzimmer. Wie beim Damenabend deines Klubs. Die Balance macht er da draußen. Der bläst dir deine Stimme auf, dass du es selbst nicht glaubst."

„Na gut. Wenn du meinst."

Der Dirigent ließ sich auf eine weitere Debatte nicht ein. Von draußen kam der Vorschlag, erst einmal eine Probeaufnahme des Liedes zu machen und die dann gemeinsam abzuhören.

Während des Begleitens gingen dem Dirigenten Fragen auf Fragen durch den Kopf: War er immer schon so geschmacklos? War er immer so verlogen? Waren die Rubati immer so überzogen? Gut, ich gebe nach. Aber schön ist das nicht. Nein, wirklich nicht.

Der Dirigent forderte den Vater auf, jetzt eine Reihenfolge von sechs bis zehn Liedern festzulegen. Er würde sich einstweilen in aller Ruhe mit dem Tonstudiobesitzer die Probeaufnahme anhören. Der Vater willigte nicht ein, er gehorchte. Fiebernd vor Ambition stand er da und doch so unsicher, dass er dem Sohn wieder Leid tat. Aber der hatte eine Aufgabe, hatte eine vertretbare Aufnahme zustande zu bringen. Für Gefühle war jetzt keine Zeit.

Der Tonstudiobesitzer und der Dirigent hörten das Band ab. Schweigend. Was dazu sagen? Der Tonstudiobesitzer fand eine gute Formulierung.

„Wenn ein verschmiertes Heurigenquartett begleiten würde, gut. Aber zu dem brillanten Klavier?"

Das immer noch warme, satte Timbre half nichts. Die Intonation war durchgehend zu tief, keineswegs falsch, aber eben nicht sauber. Der Dirigent meinte, man solle jetzt einmal ein paar andere Titel machen und dann den ersten noch einmal. „Wenn er sich freigesungen hat."

Der Vater schlug als zweiten „Zwei Märchenaugen" von Emmerich Kálmán vor, den großen Schlager aus der Operette „Die Zirkusprinzessin". Der Dirigent erinnerte sich, der Vater fühlte sich da ganz sicher, denn der Spitzenton g war in der insgesamt baritonfreundlichen Lage kaum ein Problem. Wieder beschlossen sie, ohne Probe auf Verdacht mitzuschneiden. Beim zweiten Thema „Wenn man das Leben durchs Champagnerglas …" stieg der Vater aus. Er hatte sich im Text verfranst. Oder er hatte es sich eingebildet. Jedenfalls hörte er auf zu singen. Der Dirigent begriff nicht, warum.

„Was war denn?"

„Ich versteh's nicht. Tausendmal hab ich das schon gesungen. Du weißt es."

„Du musst dir die Noten hinlegen und den Text auf alle Fälle mitlesen."

„Die Noten brauchst ja du."

Jetzt wurde allen erst das bleibende Problem bewusst. Der Vater hatte seine Noten natürlich nur jeweils einfach mitgebracht.

„Ich kann dir vielleicht über die Schulter schauen."

Der Dirigent gab auf diesen laienhaften Vorschlag gar keine Antwort. Wohl aber der Tonstudiobesitzer, der in den Aufnahmeraum hereinkam.

„Das geht nicht. Wegen der Balance. Da kommt das Klavier zu stark über Ihr Mikrophon."

„Ach so." Der Vater simulierte Verstehen.

Der Dirigent zwang sich partnerschaftlich zu bleiben.

„Es gibt nur eine Möglichkeit: Wir müssen alle Noten kopieren." Und an den Studiobesitzer gerichtet: „Das geht doch?"

„Natürlich geht das. Aber" – er sah auf die Uhr – „ich sehe die Sache dann zeitlich nicht mehr. Wir haben von unserer Zeit mehr als eine Stunde verbraucht. Und wir brauchen dann noch von jedem Titel wahrscheinlich drei, vier Takes, damit ich sie sauber schneiden kann." Er wandte sich an den Vater. „Sie haben ja nichts von Aufnahmen, die Sie nicht gern abspielen."

Der Vater nickte. Er machte einen verzweifelten Eindruck.

Der Sohn sah ihn an und dachte nicht an die Stimme.

Er ist zu alt, um mein Vater zu sein. Er hat mich spät gezeugt. Wahrscheinlich hat er auch das *noch einmal* probiert. Nein, so mies darf man nicht denken.

Man kopierte einige Noten. Zuerst fielen die losen Blätter der Kopien dem Vater vom Pult, dann dem Dirigenten, nachdem sie die losen Blätter mit den Alben getauscht hatten.

Sie nahmen „Tom der Reimer" auf. Danach war der Vater nicht mehr davon abzuhalten, sich den Take auch selbst anzuhören. Nach kurzem Schweigen versuchte der Tonstudiobesitzer wieder verbindlich zu sein.

„Die Stimme ist sehr schön. Und irgendwie jung geblieben."

Der Dirigent sah seinen Vater an.

Da ist es wieder, dieses Gesicht, das da ausdrückt, bedauerlich, ein unbegreifliches Schicksal hat mich um den verdienten Ruhm gebracht. Ich sage dir, es war kein unbegreifliches Schicksal, du warst es, niemand anderer als du, bei wem willst du dich beschweren? Beim Salzamt?

„Wir machen es noch einmal", sagte der Dirigent.

Es kam, was kommen musste. Der Vater sang leiser, weicher, wohl weil die Anspannung schon in eine Ermüdung überging, er sang so, dass der Begleiter sich sagte: Die wird's! Und dann verspielte *er* sich. Aber wie!

„Das darf doch nicht wahr sein?!?", brüllte er und sprang auf.

„Was war denn?", fragte erschrocken der Vater, „ich war doch – "

„Du schon! Hast du nicht gehört, was ich zusammengespielt habe?"

Der Tonstudiobesitzer kam herein.

„Herrschaften, ich glaub, das hat heute keinen Sinn mehr. Wir wiederholen die Sache. In Ruhe. Wenn alle mehr Zeit haben. Das wäre mein Vorschlag. Ich muss nämlich auch schön langsam umbauen."

Der Mann hatte keine Lust mehr. Der Dirigent begriff. Wenn der nicht mehr will, geht so und so nichts mehr.

„Wie lange bist du noch in der Stadt?", erkundigte sich der Tonstudiobesitzer.

„Nur noch morgen."

„Aha. Aber du kommst sicher bald wieder. Da rufst du dann rechtzeitig an."

Der Tonstudiobesitzer erklärte, für die folgenden Aufnahmen eine ganz andere Technik zu brauchen. Der Vater fragte zögerlich nach dem Finanziellen. Der Tonstudiobesitzer erkundigte sich, ob eine Rechnung erforderlich sei. Als das verneint wurde, nannte er einen Betrag. Einen, das war dem Dirigenten völlig klar, extremen „Freundschaftspreis". Doch er sah seinen Vater leicht erbleichen, als der mit dem Gesichtsausdruck des wehrlosen Übervorteilten nach der Brieftasche griff.

Als sie die Villa verließen, nahm der Dirigent fünf entgegenkommende Männer wahr, für ihr Alter und ihre Bäuche etwas zu trendy angezogen, gefärbt, toupiert, gecremt.

Das müssen die „Fidelen Hintertaler" sein. Die sehen aus wie ihre Musik.

Der Vater blieb stehen. Er musste sich Luft machen.

„Das ist ja ein Apotheker!"

„Wer?"

„Na, der Tonstudiomensch. Eine Unverschämtheit. So viel Geld für die kurze Zeit. Und er hat uns nicht einmal das Band mitgegeben."

„Erstens, mit Recht. Was wir zustande gebracht haben, gibt man nicht aus der Hand. Zweitens, ich fand den Preis ausgesprochen nobel. Lächerlich geradezu. Und vergiss bitte nicht, der Pianist hat kostenlos gespielt."

Dem Vater war nicht nach Ironie zumute.

„Na, das wäre ja noch schöner!"

Sie gingen durch eine verkehrsfreie Nebenstraße im Villenviertel. Die Körperhaltung des Vaters drückte aus, er wusste um das Ausmaß der Pleite. Er versuchte die Gesprächspause durch das Erzählen eines Witzes zu überbrücken. Der Witz wäre nicht schlecht gewesen, doch der Vater ruinierte ihn durch vorzeitiges Anlachen der Pointe. Das kannte der Sohn.

Aber es ist schlimmer geworden. So schlimm ist es früher nicht gewesen.

Der Dirigent wollte das misslungene Unternehmen, die Dokumentation der „schönen Stimme", sauber aufarbeiten.

„Wir hätten üben sollen. Das nächste Mal bereiten wir uns ganz seriös vor. Zu Hause."

Der Dirigent hatte komischerweise nicht daran gedacht, dass es dort ja gar kein Klavier mehr gab. Der Vater erinnerte ihn an den Verkauf, nicht ohne zu vermerken, wahrscheinlich viel zu billig verkauft zu haben.

„Das war noch eines mit ‚Wiener Mechanik'. Das gibt's heute gar nicht mehr."

Und wieder stieg dem Dirigenten die fette Wurst hoch. Aber der Frühsommertag war zu schön, um Depression anstehen zu lassen.

„Ich schaue, dass ich zwei, drei Tage vor Weihnachten kommen kann, zu den Feiertagen habe ich jedenfalls Vorstellungen. Ich organisiere über unseren Freund ein Übungsklavier. Und dann geht das ruckzuck. Jetzt am Schluss warst du schon wieder wunderbar in Form."

Der Vater blieb stehen.

„Darf ich dir ehrlich was sagen?"

„Ja sicher."

„Das wird mir zu teuer. Deine Mutter glaubt, ich bin wahnsinnig geworden."

„Sie muss es doch nicht wissen."

Der Blick des Vaters sagte: Du musst doch wissen, dass sie keine Ruhe gibt, bis sie es weiß.

Nach einer Weile sagte der Vater: „Wer waren denn diese merkwürdigen Figuren, die nach uns gekommen sind?"

„Volksmusikanten. Sehr bekannte."

„Die verdienen wahrscheinlich ein Vermögen mit ihrem Dreck."

„Ja. Aber sie intonieren sauber."

Der Sohn sah, er hatte den Vater verletzt. Das wollte er gutmachen.

„Wir sagen der Mutter, wir haben keinen wirklich schönen Anzug gefunden. Ja? Und dann habe ich plötzlich die Idee, wir könnten, wenn ich vor Weihnachten komme, spaßeshalber doch einmal eine Bandaufnahme machen, damit deine Stimme dokumentiert bleibt. Wir werden ja sehen, wie sie reagiert."

„Wie du meinst.“

Bin ich verrückt? Dann haben wir die Debatte seines Lebens wieder zu führen. Dann würde ich vielleicht betrunken sein und der Mutter die Schuld an seinem Scheitern geben. Dann würde er sich auf ihre Seite schlagen und erklären, *sie* habe doch immer gesagt, er solle die Stimme ausbilden lassen. Aber gerade in diesen Zeiten habe er diese Schwierigkeit mit dem Klima der Stadt gehabt. Ich würde mich doch zum Idioten machen! Nichts sage ich. Kein Wort.

Sie hatten das Ende der langen Straße ins Grünland erreicht. Sie teilte sich vor noch nicht umgewidmeten Wiesen. Der Weg zum Elternhaus stieg leicht an, führte in ein ruhiges, gartenreiches Randgebiet der Stadt. Das erste Haus dieser Straße, die einmal für den Dirigenten die letzte am Nachhauseweg von der Schule war, beherbergte ein Delikatessengeschäft, keine Filiale einer Kette, etwas Besseres, nur unwesentlich Teureres. In der Auslage waren Weine guter Herkunft, schön arrangiert. Darunter auch der, den der Dirigent das letzte Mal seinen Eltern mitgebracht hatte.

Warum habe ich den nicht bekommen? Hat er keinen mehr?

„Wie hat dir eigentlich der Wein geschmeckt, den ich das letzte Mal –?“

„Den habe ich doch noch gar nicht aufgemacht.“

Warum frage ich überhaupt.

Die Mutter hatte wieder gekocht. Aber es handelte sich um eine Falle. Denn als der Dirigent, nachdem die Sache mit dem nicht geglückten Anzugkauf erzählt war, vorschlug, in ein schönes Ausflugsrestaurant zu gehen, im Freien zu sitzen, erfuhr er, es würden der Obermedizinalrat und dessen Frau vorbeikommen. Sie hätten, sagte die Mutter, telefonisch den Wunsch geäußert, den Dirigenten unbedingt zu sehen. „Du weißt doch, die haben immer gesagt: Der Bub ist eine besondere Begabung."

Woher wissen die, dass ich hier bin?

Der Dirigent resignierte. Er ging in den viel zu warmen Keller und holte drei Flaschen seines letzten Weinpräsentes nach oben. Es gab keinen Einspruch. Im Gegenteil, der Obermedizinalrat in Ruhe interessierte sich sogar für das Etikett, nachdem man sich von der Karriere des Dirigenten hatte hinreichend viel erzählen lassen. Beim Dessert meinte die Frau des Obermedizinalrates, es sei ja kein Wunder, diese Karriere des Sohnes, stamme er doch von so besonders musischen Eltern ab, man solle nie vergessen, welch unvergängliche Abende man der schönen Stimme des Vaters verdanke. Und wieder meinte die Mutter, sie habe sich immer gewünscht, ihr Mann möge aus seiner Stimme mehr machen. Der Dirigent hatte mittlerweile auch die zweiten drei Rotweinflaschen aus dem Sechserkarton aus dem Keller geholt und sich völlig immunisiert. Von irgendwoher hörte er die ihm wohlbekannten Texte, während er sich fragte, warum diese eine rasende Stelle in der Schlussszene zwischen Carmen und José nie wirklich rhythmisch sauber sei und was er dagegen tun könne.

Dann, ziemlich unvermittelt, erwähnte der Dirigent das Projekt einer vorweihnachtlichen Aufnahme mit den liebsten Liedern des Vaters. Er sprach schnell, entschieden und vermied es, seine Eltern anzusehen, um sich nicht irritieren zu lassen. Seine Ansprechpartner waren nur das Gästeehepaar. Das reagierte auf die Idee begeistert und erbat sich eine Tonband-Kopie. Unbedingt!

Der Vater starb kurz nach Allerheiligen.

Das Wetter beim Begräbnis hätte gut zu diesem Totentrauertag gepasst. Es war nasskalt, nebelig. Die Bürger, die einem Sparkassendirektor in Ruhe die letzte Ehre erweisen wollten oder zu erweisen hatten, sahen genau so aus. Der Sohn ging neben seiner leise weinenden Mutter her und versuchte traurig zu sein. Es gelang ihm nicht. Immer wieder begann er mit sich zu diskutieren, worin denn der Sinn künstlerischer Äußerungen läge. Und des Archivierens.

Es ist doch vor der Welt völlig egal, ob von meinem Vater ein Ton übrig ist oder nicht. Es ist auch für mich egal, ich würde dieses Band nie abspielen, weil ich diese unsauberen Töne nicht ertrage, meine Mutter würde das Band nie abspielen, weil sie sonst zu sehr weinen müsste, was war das eigentlich für eine hirnkranke Idee mit der Aufnahme!

Ein Priester, den man instruiert hatte, zählte die Verdienste des Sparkassendirektors um die menschliche Gesellschaft auf und vergaß nicht die Liebe zur Kunst, zur Hausmusik, zum Gesang zu erwähnen. Ein dem Dirigenten unbekanntes Quintett sang ein schönes, gottesfürchtiges Volkslied. Der zweite Tenor fiel dem Dirigenten auf.

Er singt viel schöner als der erste. Aber wahrscheinlich ist der erste schon viel länger dabei.

Vor dem Ausgang des Friedhofes, es war ein sehr schöner Friedhof mit Blick auf die Stadt und – wie der Dirigent wusste, obwohl es der Nebel heute verhinderte – mit Blick auf die Zinnen auch der Städtischen Bühnen, drückten ihm viele ihm unbekannte Menschen die Hände.

Einer sagte: „Hatte eine sehr schöne Stimme, ihr Vater.“

Na endlich, dachte der Sohn.

Der zweite Mensch

Das war für alle Autoren und Autorinnen des Verlages eine große Überraschung, als sie aus der Zeitung erfuhren, der kleine, aber feine Literatur-Verlag wäre an ein größeres Haus verkauft worden. Der Verleger, ein Bücherpatriarch der alten Schule, würde gänzlich abtreten, eine neue Verlagsleitung demnächst genannt werden.

„Ob die neuen Leute mich dann noch wollen?", fragte die Autorin ihren Freund. Sie war in diesem Beruf jung, obwohl schon Anfang vierzig. Sie war nämlich Schauspielerin, als solche angesehen und erfolgreich, aber eben in diesem gewissen Alter, in dem die Anzahl der angebotenen Rollen mit dem Rang nicht immer Schritt hält. Sie hatte sich auch die Jahre davor von ihrem Schauspielerberuf nie ganz ausgelastet gefühlt, versuchte das durch private Sensationen auszugleichen, bis sie – mehr zufällig – zu schreiben begann. Zunächst nur über sich und ihren Beruf, dann aufgrund kulturpolitischer Interna am Staatstheater auch über Kulturpolitik. Da man ihr immer wieder bescheinigte, ihre Klugheit und eine freche und trockene Art zu schreiben ergäben eine hocherfreuliche Mischung, wurde sie mutiger. Sie begann zu fabulieren, brachte erst eine und bald drei weitere Kurzgeschichten in der Wochenendbeilage eines Intelligenzblattes unter und wagte sich dann an einen Roman. Der war naturgemäß stark in ihrer Biografie verhaftet, verarbeitete die Familiengeschichte, den Einbruch der Kunst in das konservative und teilweise auch arg nazistische Bürgertum. Aber ihr Gefühl für Dramaturgie ließ sie auch Konflikte, Krankheiten, Figuren und alles Mögliche erfinden, sodass sie von der Chronik wegkam.

Der Erste, der ihr das bestätigte, war ihr Freund, ein Radiologe, ein äußerst kultivierter Mann, etwa fünfzehn Jahre älter als sie, verheiratet und Vater von zwei schon ausgeflogenen Kindern. Er lebte von seiner Frau getrennt in einer Single-Wohnung einer prächtigen Wohnanlage am Fuße der Weinberge. Dort wohnte, nahezu Tür an Tür, auch die Schauspielerin. Dennoch war man lange Zeit, immer freundlich grüßend, aneinander vorbeigegangen, bis man nach einer Mieterversammlung gegen das Fällen der Alleebäume vor der Wohnanlage ins Plaudern gekommen war. Zuvor hatte sie flammend gegen *Barbarei* protestiert, er hatte ruhig über *Verkehrsaufkommen* und *Abgase* gesprochen. Das setzte sich dann bei einem Tee bei der Schauspielerin fort.

Seine Versuche sich scheiden zu lassen, hatte der Radiologe aufgegeben, es wäre ohne Prozess und Schmutzwäsche nicht abgegangen. Die Schauspielerin hatte sich seine Scheidung nur kurze Zeit gewünscht, dann nach und nach diese getrennte Zweisamkeit ideal gefunden. Sie beabsichtigte nicht mehr Veränderungen anzustreben.

Der Radiologe war am entscheidenden Karriereschritt der Schauspielerin zur Autorin beteiligt, im positiven Sinne schuld. Der würdige Altverleger war nämlich eine Zeit lang sein Patient, es gab Anlass zu stationärer Beobachtung. Und wie es bei Visiten in der Sonderklasse so üblich ist: Der Arzt fühlt sich in Ermangelung medizinischer Aktualitäten zur intelligenten Plauderei verpflichtet. Als der Altverleger eines Tages beklagte, die Geschichtenschreiber würden heutzutage alle vom Kommerzfernsehen aufgesogen, ersuchte der Arzt um die Erlaubnis, dem Altverleger den Roman einer guten Bekannten, der berühmten Schauspielerin, vorzulegen. Der Altverleger gestand, ein großer Bewunderer der Dame zu sein, war sich aber tief innen sicher, es würde sich bei dem angekündigten Manuskript um das übliche Theatergewäsch der Mimen handeln. Als er erst in der Mitte des Textes war, ersuchte er den Radiologen, die Dame doch an sein Krankenbett zu bitten, er würde gerne die Details des Autorenvertrages, den Erscheinungstermin und alles Weitere mit ihr besprechen.

So war es gekommen, dass sie eine *richtige* Schriftstellerin wurde.

Sie hatte mit ihrem Erstling einen mittleren, aber eben doch einen Erfolg und war vom Altverleger aufgefordert worden, keine allzu lange Zeit bis zum Nachfolgetitel verstreichen zu lassen. Die Suche nach dem tragenden Einfall dafür machte sie ein wenig fahrig, in Nächten panisch. Sie fragte gelegentlich ihren Radiologen, was der von diesem oder jenem Sujet hielte, da der ihr aber grundsätzlich zu allem riet, was sie erwog, gab sie es auf, ihn in dieses Gespräch zu ziehen. Einmal, sie waren im Fischrestaurant am Flussufer und verjüngten sich durch Knoblauch und Weißwein, sagte der Radiologe: „Es wird nicht leicht sein", und verriet so, dass er mit ihr litt, was die Stoffsuche betraf.

Und jetzt war der Verlag verkauft.

Die Autorin war traurig, aber auch ein wenig erleichtert. Dem Mentor, dem Entdecker, fühlte sie sich verpflichtet, anonymen Nachfolgern nicht, zumal sie ja nicht wusste, ob die überhaupt noch etwas von ihr wollten.

Zunächst brachte das Feuilleton ein Bild der neuen Verlagsleitung. Es war eine Frau. Eine Frau mit hochinteressanter Physiognomie, alterslos, also wohl so um die fünfzig, falls das Foto aktuell war, eine Germanistin von großer wissenschaftlicher Reputation, wie das Blatt vermeldete.

Bald darauf rief ein Verlagssekretariat an und lud die Autorin zu einem Gesprächstermin. Das Kennenlernen sollte nach dem Wunsch der Verlegerin nicht im Büro, sondern im exquisitesten japanischen Restaurant stattfinden. Die Autorin akzeptierte schon den ersten der vorgeschlagenen Termine.

Vor Begegnungen von derartiger Wichtigkeit überlegen sich Frauen besonders lange, was sie anziehen sollen. In diesem Fall hatte die große, schlanke Person mit langem braunem Haar und ebenmäßigem Gesicht immer die Wahl zwischen zwei Typisierungen. Das bildete sie sich jedenfalls ein. Sie meinte, in der einen Garderobe mehr wie eine Schauspielerin, in der anderen mehr wie eine Schriftstellerin auszusehen. Sie entschied sich für Letzteres.

Die Verlegerin saß schon am Tisch, als die Autorin pünktlich kam. Mit bezauberndem Lächeln bat sie die ihr optisch schon von der Bühne her bekannte Frau zu sich, verbrauchte nicht viel Zeit mit der Begründung ihrer Vorliebe für japanische Küche, war hocherfreut diese Vorliebe geteilt zu sehen und kam dann sehr bald zum Thema. Sie habe die letzten Wochen pausenlos damit verbracht, jene Titel des laufenden Verlagsprogrammes und der Backlist zu lesen, die ihr nicht bekannt waren. Darunter auch den Erstlingsroman ihrer Gesprächspartnerin. Sie wolle ihr nun sagen, sie finde das Buch noch weit besser als die recht gute Resonanz, sie lese da eine faszinierende Beobachtungsgabe heraus, kurz, sie wolle jetzt oder sehr bald wissen, was als Nächstes käme. Während der Zeit hing die Autorin an den Lippen ihres Gegenübers. Nicht nur des Lobes wegen, sondern auch der unendlichen Eleganz wegen, mit der es ausgesprochen wurde, so als ob es zum rohen Fisch gehörte wie die vielen raffinierten Saucen. Diese Frau hat was, dachte die Autorin, ich spür's, ich hätte sie gerne zur Freundin, aber wir müssen ein anderes Verhältnis zueinander kultivieren, denn ich bin in der Position der Lieferantin.

Sofort nach dem Essen bat die Verlegerin um Nachsicht, weil der nächste Termin im Verlag drängte. Noch einmal wiederholte sie, auf das zu Erwartende *sehr* neugierig zu sein. Sie ging wie eine Königin, die es gewohnt ist, sich unters Volk zu mischen.

Mit glühenden Wangen erzählte die Autorin ihrem Radiologen im Bett von dieser ersten Begegnung. Sie schwärmte so, dass er die Hoffnung äußerte, die Dame doch auch bald kennen zu lernen. Und dann erzählte er ihr, erst eher verlegen, dann aber, als sie immer interessierter wurde, genauer und engagierter eine Geschichte aus der Klinik. Ob das nicht ein Romanstoff wäre?

Sie hätten an der Klinik einen Professor, einen Superstar, einen Mann, der mit relevanten Forschungsergebnissen auf seinem Spezialgebiet, der Kernspintomografie, quer durch die Welt reist, von Kongress zu Kongress, Referate hält, größte Anerkennung erntend, der aber ein Bluffer ist. „Ich bin durch Zufall draufgekommen, dass hinter dem Kerl eine Frau steht, eine unauffällige Dozentin, die forscht, und zwar auf das Ingeniöseste, und die den Professor, ihm wohl auch körperlich wahrscheinlich bis zur Hörigkeit und darüber hinaus verbunden, mit publizierbaren, von ihr auch zu Papier gebrachten Erkenntnissen füttert. Der Kerl selbst kann nichts so gut wie Englisch. Und sich verkaufen, das auch."

Die Autorin erklärte ihrem Radiologen, eine Konstellation dieser Art sei sicherlich ein interessanter Plot, sie habe aber Scheu, sich auf ein Gebiet zu begeben, von dem sie nichts verstehe. „Ich meine nicht die Abhängigkeit", sagte sie lachend, „ich meine die Medizin." Da müsse sie viel zu viel recherchieren, das würde sie nur unsicher machen.

Aber in der Sekunde fiel ihr ein: ich kenne diesen Stoff auch genau. Aus der Nähe.

Von all den Gurus und Geniedarstellern unter den Theatermachern war ihr derzeitiger Intendant der ihr widerwärtigste. Die Personalunion eines eleganten und eloquenten Weltkulturmannes und eines gleichzeitig vor Progressivität nicht laufen könnenden Erneuerers. Schon vor Jahren, als er noch nicht ihr Intendant, sondern nur ihr Regisseur war, hatte sie den Verdacht gehabt, er wäre nicht so intelligent wie seine Interpretationen bzw. Rechtfertigungen. Damals war ihr eine diesen Mann offenbar anbetende Dramaturgin und persönliche Referentin aufgefallen, die nie von seiner Seite wich, auf jede leise Frage sofort noch leiser, aber bestimmt antwortete, ihren Meister sichtlich intellektuell aufblies. Die Autorin war der Sache nachgegangen, hatte vom versteckten privaten Verhältnis erfahren und daraufhin seine Art, mit der Trabantin umzugehen, noch unangenehmer und machistischer empfunden. Die Beweiskette wurde immer lückenloser. Der große Theatermacher war Geschöpf einer außerordentlichen Frau, die sich damit abgefunden hatte zu dienen. Ihm.

„Vor diesem Hintergund kann ich das erzählen. Da kenne ich mich aus. Da wird jedes Detail stimmen. Da kann ich grausam übertreiben, bis an die Grenzen der Glaubwürdigkeit, da kann ich so richtig“ – sie legte alle Leidenschaft in das Wort – *„schreiben.“*

Der Radiologe dachte kurz nach. „Du musst den Status quo weiterdenken. Wie geht die Sache aus?“

„Mit der Bloßstellung, der Enttarnung, der Emanzipation. Damit wahrscheinlich mit einer Katastrophe. Aber die sage ich dir nicht.“

Die Verlegerin traf die Autorin bald darauf im Pausenfoyer der Oper. Alles, was Rang und Namen hatte, war bei der Premiere des neuen englischen Star-Choreografen versammelt. Die Verlegerin erspähte die Autorin aus einer sehr elitär aussehenden Gruppe heraus und kam sofort auf sie zu. Sie trug einen schwarzen Hosenanzug aus strukturierter Seide, auf der Brust eine Brosche am Rande der Kleinplastik, sie war schön, exzentrisch und – die Autorin musste es sich abermals eingestehen – im Alter nicht definierbar. Die Verlegerin reichte dem vorgestellten Radiologen beiläufig die Hand, um sogleich ihre Frage an die Autorin loszuwerden:

„Was ist mit dem neuen Buch?"

„Ich bin wie verrückt dabei, seitdem ich *den* Stoff habe."

„Da wüsste ich gerne Näheres."

Spielerisch bat sie den Radiologen zu entschuldigen und dirigierte die Autorin an die Champagner-Bar. Sie orderte zwei Glas.

„Schießen Sie los!"

Die Autorin erzählte, sehr vorsichtig, Ross und Reiter nicht allzu sehr präzisierend, den Plot, die auf dem Auswringen einer an ihn verlorenen Frau basierende Geltung eines bedeutenden Theatermannes; die Analyse des Entstehens dieser Beziehung und des Kräfteverhältnisses darin, die naturgemäß früher oder später zu erwartende Katastrophe durch eine dritte Person.

Ein leises, sieghaftes Lächeln umspielte die Verlegerin. Es konnte besagen, ich habe mich nicht geirrt, von dieser Frau ist etwas zu erwarten, es ist eben *meine* Autorin.

„Wann meinen Sie, werden Sie so weit sein?"

„In drei, vier Monaten, garantiert."

„Haben Sie einen Arbeitstitel? Ich möchte es gerne in die grobe Planung für den nächsten Herbst hineinnehmen."

Die Autorin war selig. Ungelesen, ungeprüft wollte diese Frau mit ihr disponieren. Titel hatte sie noch keinen. Aber sie erfand ihn in der Sekunde:

„Der zweite Mensch".

Die Verlegerin horchte dem Titel kurz nach.

„Gespeichert."

Das erste Klingelzeichen ertönte.

„Wir werden erwartet."

Wieder – man kann es nicht anders nennen – löste sie sich königlich von der Autorin.

Im Gehen sagte sie noch kurz:

„Finden Sie es auch so fade?"

Das klang so nach besonderem Vertrauen. Wenn sich schon alle anderen blöd machen lassen, wir zwei doch nicht.

Als die Autorin von einer ihr zur Zeit höchst lästigen Theatervorstellung heimkam, öffnete sie rasch die Tür zur Wohnung des Radiologen. In einer Schreibkrise, einer von ihr leicht hysterisch hochgespielten Depression, hatte sie gemeint, ohne ein Feedback nicht weiterarbeiten zu können. Dem Verlag, genauer gesagt dieser Frau wollte sie nur das fertige Buch übergeben, im Lektorat des Verlages waren, wie man hörte, neue, ihr unbekannte Leute. Also blieb ihr nichts übrig, als ihren Gefährten ins Vertrauen zu ziehen.

Der saß jetzt, die Beine auf dem Tisch neben einer halb geleerten Rotweinflasche, und las. Bevor sie noch etwas sagen konnte, kam von ihm die Seligsprechung:

„Ich finde es fabelhaft."

„Wirklich?"

Die Frage war rhetorisch. Den Kuss hatte er sich schon verdient. Sie setzte sich ihm gegenüber und wollte jetzt die Detaillierungen des *fabelhaft* genießen. Er sagte aber etwas ganz anderes.

„Nur, ich habe das Gefühl, es ist für einen Menschen aus eurer Branche unmöglich, nicht sofort zu wissen, wer wer ist. Das ist kein Schlüsselroman, das ist, so lese ich es jedenfalls, ein Porträt. Wenn ich der Mann bin, klage ich dich, dass es nur so raucht."

Sie wusste, er hatte Recht. Die Lust am Erzählen des Gekannten, des Erlebten, des Gesehenen war mit ihr durchgegangen. Sie hatte die Authentizität übertrieben, die Figuren zu minimal verändert. Wer sollte das sonst sofort merken, lachte sie, wenn nicht ein Radiologe? Sie wollte sich aber wehren.

„Ich *kann* das nur schreiben, wenn es im Theater spielt. Von Kernspintomografie weiß ich nicht einmal, was es ist."

„Wer redet denn davon? Du musst nur die Sache irgendwie parallel verschieben – wie sagt man im Literaturdeutsch? –, verfremden. An der Geschichte muss sich ja nichts ändern."

Die Autorin goss sich ein Glas Rotwein ein und schüttete es hinunter.

„Ich hab's."

Zwei Monate darauf rief sie im Verlag an, um das Manuskript anzukündigen. Die Sekretärin der Verlegerin ersuchte, es eingeschrieben einzusenden, ihre Chefin sei zur Zeit in Paris, um über Lizenzen zu verhandeln. Am Tag danach erreichte die Autorin ein Anruf aus Paris. Die Verlegerin habe zu ihrer großen Freude von der Fertigstellung des Romans gehört, sie würde sich auf wenig so freuen wie auf dessen Lektüre, sofort nach ihrer Rückkehr würde sie sich daranmachen, dann sollte es doch bald ein Gespräch über Cover und alles andere geben, vielleicht diesmal endlich einmal in privatem Rahmen.

Zwei Wochen vergingen. Dann traf ein Brief ein. Ein höflicher Brief. Ein zu höflicher Brief. Man sei nach Prüfung des Manuskriptes zur Ansicht gelangt, übereinstimmend und nach nur kurzer Diskussion, man würde dem

Verlag und auch der Autorin nichts Gutes tun, würde man dieses Buch so drucken. Da wären doch auffallende stilistische Unsicherheiten zu korrigieren, von der Unwahrscheinlichkeit des Stoffes und der Überzeichnung der Figuren ganz abgesehen.

Die Autorin begriff nichts. Sie bekam keine Luft. Sie konnte sich nichts erklären. Der Radiologe, dem sie ihre Umarbeitung nicht mehr gezeigt, sondern immer nur angedeutet hatte, er würde von der tollen Idee überrascht sein, hatte Mühe sie zu beruhigen.

Sie spazierten in der Fußgängerzone. Da sah sie ihren Erstling in der Auslage einer Buchhandlung. Sollte es damit aus und vorbei gewesen sein? Sie hatte schon wieder nasse Augen. Vor Wut. Der Radiologe blieb besonnen. Sie hätte wohl ein Recht auf eine persönliche Auskunft, ein Gespräch. Weiß der Kuckuck, welches Missverständnis sich da aufklären würde.

So bemühte sie sich telefonisch um einen Termin. Sie spürte, wie sie vertröstet wurde, wie man sie mürbe machen, zum Aufgeben veranlassen wollte, aber sie setzte sich durch. Übermorgen, um zehn Uhr fünfzehn hätte die Verlegerin ein kleines Terminloch, wurde ihr beschieden. Schmallippig nahm sie auch diese Demütigung hin.

Zum Termin kam sie pünktlich. Sie wurde auch sofort vorgelassen. Die Verlegerin saß hinter einem modernen Schreibtisch inmitten eines Empire-Ensembles. Der Raum war das Nonplusultra an Geschmack. Die Verlegerin trug eine Bürobrille, die ihr Gesicht hart machte. Sie sah die Autorin an wie eine ihr nicht sehr sympathische Fremde.

„Sie wollen wissen, warum ich Ihr Buch nicht gut finde? Ich habe es Ihnen doch geschrieben."

„Ja, aber das kann ich so nicht begreifen." Die Autorin saß in der Besuchergarnitur und versuchte sich zu wehren.

„Ich kann doch das Schreiben zwischen den beiden

Büchern nicht verlernt haben. Ich weiß doch noch" – sie besann sich jetzt ihrer ganzen schauspielerischen Klasse, fixierte die Verlegerin und sprach so suggestiv, wie es nur geht – „wie Sie mich über die Maßen gelobt haben. Und wie Sie der neue Stoff interessiert hat."

Unter dem Blick der Schauspielerin entwich der Verlegerin die Souveränität. Das Königliche war weg. Die Frau fühlte sich gestellt. Sie hatte eine Antwort zu geben. Eine Auskunft über ihre Motive. Damit musste sie etwas von sich preisgeben, ihre maskenhafte Überlegenheit ablegen. Sie zitterte leicht. Aber der Blick der Schauspielerin ließ sie nicht aus. Die Verlegerin rang mit sich, hob das vor ihr liegende Manuskript auf, ließ es wieder fallen und sagte gepresst, Tränen unterdrückend:

„So etwas schreibt doch nur eine – "

Dann verließ sie hastig, sich ihrer Emotion offenbar schämend, das Büro in einen Nebenraum.

Was hatte sie im Abgehen, in der Tür gesagt? Leise? Nicht mehr hörbar? Und doch? Hat sie nicht *Schwanzfickerin* gesagt? Das ist doch nicht möglich. Aber sie hat.

Die Autorin sah auf den Schreibtisch. Da stand schräg gegenüber vom Arbeitsstuhl ein Foto. Die Autorin drehte es um. Da war ein Mädchen drauf. Keine Tochter. Nein, nein. Ein Mädchen. Sein Blick sagte: Komm, hol dir alles, was du brauchst, um eine Königin zu sein!

Die Autorin sagte halblaut: „Ich Idiotin."

„Ich hab's für eine geniale Idee gehalten, aus dem Megamacho eine Frau zu machen. Weil sich dadurch so viele Veränderungen ergeben haben, da wäre niemand mehr draufgekommen – "

Sie lachte, schon leicht betrunken. Das Fischlokal war knoblauchgeschwängert wie immer. Der Radiologe streichelte ihre Wange und hielt dann ihren Unterarm fest.

„Ich mache nur weiter, wenn mir eine eigene Geschichte einfällt. Von vorne bis hinten erfunden“, sagte sie und kämpfte mit der Zunge gegen eine eingebissene Gräte. Daher war die folgende Frage nicht leicht zu verstehen.

„Sag, gibt es einen homosexuellen Rassismus?“

„Bitte?“

„Ich wollte wissen“, die Gräte war entfernt, die Stimme wieder klar, „ob es einen homosexuellen Rassismus gibt.“

„Aber ja. Und ich habe dafür Verständnis. Du musst bedenken, was man den Leuten über Zeiten angetan hat. Und noch tut. Diese Verlegerin war gänzlich unemanzipiert, trotz der großen Allüre.“

Er sah seine Gefährtin prüfend an.

„Hat sie dir nie einen Antrag gemacht?“

„Nein, und wenn, hätte ich es nicht gemerkt. Vielleicht ist sie auch monogam.“

Beider Augen prüften die Augen des Gegenüber.

Zugleich mit dem letzten Bissen des Zander kam der Radiologe zur Schlussfolgerung.

„Sie hat vielleicht im ersten Moment geglaubt, du weißt alles von ihr und meinst mit der Hörigkeit die Beziehung zwischen ihr und ihrer Freundin.“

Die Autorin dachte kurz nach.

“Warum sollen Frauen, die Frauen lieben, klüger sein!“

Das Buch wurde von einer Literaturagentin bei der Konkurrenz untergebracht. Es erschien in der Reihe *Frauen über Frauen.*

Der Fotograf

Eigentlich war er Musiker. Cellist. In dieser seiner Kunst hatte er die großen Träume hinter sich. Freilich meinte er während seines Studiums, dem Strich des verehrten Casals schon ganz nahe zu sein. Er war seinem Professor auch einer der liebsten Schüler. Was allerdings auch an den blonden Locken gelegen haben mag.

Die zunächst immer wiederkehrende Idee, eine Solistenkarriere zu wagen, vergaß der Cellist nach und nach. Aber die Chance, beim berühmtesten Orchester des Landes für eine freie Position vorzuspielen, wollte er nützen. Er wurde nicht genommen, obwohl er meinte, perfekt gespielt zu haben.

So war er froh, am ersten Pult des tadellosen Theaterorchesters einer Mittelstadt zu landen, dort angesehen, in der Kritik des Öfteren, natürlich nicht namentlich, aber als Instrument erwähnt. Das Cello-Solo in „Tosca" sei des vollen, warmen Tones wegen hervorzuheben, las man in der Besprechung des „Tagesboten".

Auch sonst lief das Leben des Cellisten in besten Bahnen: Zwei Schwestern waren Erbinnen eines großen Modehauses, nur eine davon hatte Interesse es auch weiterzuführen, die zweite ließ sich auf Anraten ihres Rechtsfreundes nicht auszahlen, sondern blieb beteiligt. Und dieses gescheite und sonnige junge Mädchen, begeistertes Konzert- und Opernpublikum, eine Musikverrückte kann man sagen, verliebte sich in den blondgelockten Cellisten, der mit seinen runden Brillen aussah wie ein in die Länge gezogener, schönerer Schubert. Es mangelte nicht an einer ererbten ordentlichen Wohnung. Die Eltern hatten für die

Töchter schon früh vorgesorgt. Was aber die Lebensqualität des verehelichten Cellisten ins Unendliche steigerte, war ein kleiner Seegrund mit einer einfachen alten Badehütte, einem Rasenstück, einem Bootssteg und einem Ruderboot aus Holz. Dieser Badeplatz war das Paradies der Jungverliebten und dann später, nach der Hochzeit, des harmonischen Paares. Aber auch des oft nach der Probe nur für kurze Zeit allein hinausfahrenden – zum See fuhr man *hinaus* – Cellisten. Da schaute er, sich der Sonne zuwendend, in Noten oder hörte über Kopfhörer Casals, meist die Bach-Partiten, den Blick immer auf das Wasser gerichtet.

Sein musikalisches Sensorium begann sich ins Optische zu verlagern, nein, das ist falsch, begann sich durch das Optische anzureichern. Er wurde nicht müde das Licht zu verfolgen, das Wellenspiel und die Schatten, in seinem Hirn rahmten sich gesehene Details zu Bildern.

So wie einer, der gutes Musizieren vom Zuhören kennt, schlechtes Musizieren nicht mehr ertragen kann, baute sich im ansonsten friedliebenden und auch politisch uninteressierten Cellisten eine Animosität auf: die gegen Fotos. Wo immer Fotoalben oder gar Dias in der Nähe waren, war er auch schon weg. Ihm Fotos von Geburtstagsfeiern oder Urlaubsunternehmungen zu zeigen, war so gut wie unmöglich. Anders war es, wenn ihm ein Hochglanzmagazin oder eine fotografisch ambitionierte Illustrierte in die Hände fiel. Da blieb er manchmal haften und bewunderte die Komposition. Technische Voraussetzungen dafür waren ihm so unbekannt wie den Berufsfotografen der Steg eines Cellos.

Das Unglück – es war und ist keines, aber wir wollen es so nennen – begann mit der Geburt des Kindes, einer Tochter. Da hatte die Frau des Cellisten ein kleines Seefest arrangiert, offen für Freunde und Familie, man konnte kommen und gehen, noch nicht schwimmen, es war früher Mai, man aß vom kalten Buffet, trank nicht wenig und bewunderte das kleine Kind. Ein alter Dirigent bescheinigte ihm Mozart-Ohren, was auch immer das sein sollte. Das Fest wurde – und das sah der Cellist mit wachsendem Unbehagen – andauernd fotografiert. Er bemerkte, wie Männer und Frauen einfach auf Auslöser drückten, ohne lange nachzudenken, ohne irgendetwas zu wollen, außer in die richtige Richtung zu schauen. Der Cellist empfand etwa dieses: Das ist *meine* Frau, das ist *mein* Kind, das ist *mein* See, und alles, was mir gehört, wird jetzt von Hässlichkeit und Lieblosigkeit enteignet, von Fotos, die es ewig auf Papier bannen, auf Papier, das dann irgendwo in Laden herumliegt und zu Recht nie mehr angeschaut wird. Sollte diese Bilder aber jemals jemand in die Hand nehmen, müsste dieser Mensch einen gänzlich ungenügenden Eindruck von diesem Fest bekommen.

Der Cellist beschloss, die Sache – im ursprünglichen Sinn des Wortes – in die Hand zu nehmen. Er borgte sich vom Mann seiner Schwägerin einen kleinen Fotoapparat, ließ sich sagen, man müsse damit *gar nichts tun,* außer abzudrücken. Nachdem der Cellist für sich geklärt hatte, das stimmt nicht, man muss erst durch den Sucher schauen, begann er auf den Auslöser zu drücken. Beschämt zuckte sein Finger zurück. *Was* hatte er fotografiert? Das hatte doch nicht die kompositorische Qualität der französischen Impressionisten, die doch auch Picknicks und dergleichen gemalt hatten. Zu diesem eben geknipsten Foto war Debussy nicht spielbar, zum Unterschied zu diesen bekannten Gemälden.

Der Cellist beschloss gute Fotos zu machen. Für Plaudereien war er jetzt verloren. Er schob den Kinderwagen so, dass Sonnenflecken auf dem Gesicht des Babys lagen, er verließ den Seegrund und fotografierte von draußen durch Büsche die Schemen der heiteren Gesellschaft, er stieg ins Ruderboot und knipste vom Wasser aus, an der Kante des Bootshauses vorbei. Schließlich vergass er den Anlass des Fotografierens, das Fest, wandte sich nur mehr zum Wasser, richtete das Objektiv darauf. So verschoss er den ganzen Film. Da er keinen zweiten hatte und auch nicht in der Lage gewesen wäre ihn einzulegen, kehrte er zur Gesellschaft zurück. Dort hatte des Cellisten Frau schon angemerkt, so sei ihr lieber Mann, wenn er etwas mache, dann möglichst perfekt.

Einige Tage darauf wurden im Familienkreis zum Kaffee die Fotos des Strandfestes herumgezeigt. Der Mann der Schwägerin des Cellisten, ein Notar, überreichte das Ergebnis eines Films getrennt von den anderen, mit der Bemerkung, das sei der erste vom Vater des Kindes geknipste Film, und man solle dessen Ergebnisse gesondert betrachten, denn fraglos habe der Künstler eine *besondere Hand.* Nervös griff der Cellist nach seinem Werk, verliess den Salon und sah sich im Nebenraum *seine* Bilder an. Ein paar zerriss er sofort, ein paar wollte er noch einmal in Ruhe betrachten, um sich über Verbesserungsmöglichkeiten und künftiges Vermeiden von Fehlern klar zu werden, ein paar allerdings für gut zu befinden kam er nicht umhin. Da sah er auf dem Foto tatsächlich das, was er durch das Objektiv zu sehen vermutet hatte.

Fotografieren wäre eigentlich eine hübsche Sache, meinte er, zur Gesellschaft zurückgekehrt. Die Fotos anderer würdigte er sehr bald keines Blickes mehr, hoffend, seine Frau würde später alle ihr überlassenen zerreißen. Das tat sie natürlich nicht. Die, auf denen das Kind, wie entstellt auch immer, drauf war, klebte sie in ein Album. Aber sie tat auch noch etwas anderes. Sie ließ sich von ihrem Schwager den Namen des Fotoapparates nennen, mit dem ihr Mann zum ersten Mal fotografiert hatte. Sie ging ins Fotogeschäft, hörte mit Interesse, da gebe es jetzt das noch einfachere und problemloser zu bedienende, also noch mehr selbstdenkende Nachfolgemodell. Das kaufte sie ihrem Mann und schenkte es ihm zur Premiere von „Don Carlos", wo er reichlich Gelegenheit hatte, sich als glänzender Musiker zu erweisen.

So hatte der Cellist jetzt das erste Hobby, wie man so sagt, seines Lebens. Er fotografierte. Zunächst das, was alle fotografieren. Aber eben immer etwas besser. Er konnte auf Licht warten, auf Schatten, auf Winkel, auf Reflexe. Er fand sich mit Perspektiven nicht ab, er suchte Positionen. Er hatte eine Bildidee. Die versuchte er, durch Erfahrung immer sicherer, zu verwirklichen.

Das hatte zweierlei Folgen. Die Familie und der Bekanntenkreis waren sich einig, der Cellist mache ausnehmend schöne Fotos. Er aber, immer ehrgeiziger, Hochglanzmagazine und Illustrierte häufiger staunend und auch neidischer betrachtend, wurde sich der Leistungsarmut seines Fotoapparates immer bewusster. Schärfe, Brillanz, Lichtempfindlichkeit hatten ihre Grenzen. Vergrößerungen ließen das gnadenlos zutage treten.

So sagte er einmal zu seiner Frau, nachdem die ihn gerade für ein Bild des nunmehr zweijährigen Kindes geküsst hatte, er denke daran, sich eines Tages einen professionellen Fotoapparat zu kaufen. Nicht so bald, er hatte sich ja gerade erst einen tollen Musik-Turm mit allen Schikanen gegönnt, aber irgendwann einmal.

Zum Geburtstag war er da. Der Fotoapparat. Es war ein besonderer. Das war sofort zu sehen. Die Schenkerin, natürlich die Ehefrau, erläuterte ihrem Mann die Wahl des Gerätes und die Geschichte des Einkaufs. Sie habe dem ersten Fotohändler am Platz, dem Besitzer eines alteingesessenen Familienbetriebes, nicht dem Geschäftsführer so einer Billigpreiskette, gesagt, sie wolle ihrem fabelhaft fotografierenden Mann einen neuen Apparat schenken. Und zwar den besten, den es gibt. Und sie erwähnte auch das Eigenschaftswort *professionell*. Der Fotohändler bestätigte ihr die Einschätzung des Fotografiertalentes ihres Gatten, dessen Cellospiel er zudem hervorhob, meinte aber, die professionellen Geräte hätten eine Eigenschaft, die für das Fotografieren ihres Mannes von sekundärer Bedeutung sei. Sie seien besonders schnell. Was *schnell* bei einem Fotoapparat zu bedeuten hatte, war für die liebende Schenkerin im Moment nicht deutbar, sie nahm es aber als Information entgegen. Der Fotohändler legte ihr nahe, doch *den* Apparat zu kaufen, der weltweit anerkannt die besten Objektive habe, den unbestrittenen Star unter wahren Kennern. Er habe da ein sensationelles Angebot zu machen. Einen gebrauchten Apparat aus der besten Serie des Klassikers, das drittletzte Modell, nach Ansicht wirklicher Fotokünstler das vorher und nachher nie übertroffene. Es werde von Sammlern, von Fetischisten gesucht, er müsste es nur inserieren, um es sofort zu überhöhtem Preis loszuwerden, würde es aber jetzt – in künstlerischer und familiärer Verbundenheit – zu einem Vorzugspreis abgeben. Mit vier Wechselobjektiven – er nannte deren Daten – und einem Lederetui, wie es die neuen Kameras gar nicht mehr hätten. Mit diesem Gerät würde sie ihrem Mann die größte Freude machen, versicherte ehrlichsten Herzens der Fotohändler, dem der Respekt anzusehen war, wenn er den Fotoapparat nur in Händen hielt.

Der 40. Geburtstag des Cellisten fiel in den späten Sommer. Das Wetter spielte wieder mit. Auf dem Badegrund waren etwa dieselben Menschen versammelt wie vor zwei Jahren, als der Cellist zum ersten Mal fotografiert hatte. Das Buffet war um eine Torte erweitert. Ein Tischchen für Geschenke präsentierte Verpacktes und Unverpacktes,

Lithos, Bücher, CDs, Noten, Flaschen und, nur ganz locker eingewickelt, den Fotoapparat.

„Das darf doch nicht wahr sein!“, rief der Cellist und drückte seine Frau an sich. Er wusste ein wenig um den Ruf dieser Marke. Natürlich wurde er aufgefordert, sofort die heiteren Menschen, die hellen Garderoben, den Rasen, das Wasser und die Torte für immer festzuhalten. Er aber verweigerte das. Er wolle sich erst einmal mit diesem kostbaren Gerät befassen. Ein Cellist weiß eben, Instrument ist nicht Instrument.

Am späten Abend, nachdem der Dank für das schöne Geburtstagsfest in einer Umarmung geendet hatte, verließ der Cellist das Ehebett. Er müsse sich jetzt unbedingt intensiv und seriös mit seinem neuen Fotoapparat befassen. Er tat das. An seinem Schreibtisch. Die Lampe auf Apparat und Anleitung gerichtet, nahm er eine bedrohliche Fülle von drehbaren Ringen und drückbaren Knöpfen wahr, las in der Anleitung, wozu die dienten, sah an Fotobeispielen die Ergebnisse der Anwendungen und war verwirrt. Wenn man vor jedem dieser im Grunde ganz harmlos aussehenden Bilder so viel zu bedenken habe, könne das in einer Neurose enden, befürchtete er. Es war ihm ja auch bewusst, in seinem Alter das Instrument Cello nicht noch einmal erlernen zu können, weil er die Zeit der Etüden seelisch nicht mehr überstehen würde. Das ausführlichere Studium der Anleitung wies ihm aber einen Ausweg. Man musste nicht Blende und Zeit und was nicht noch alles einstellen, man musste sich nicht einmal der Teilautomatik von Blende oder Zeit bedienen, man konnte auch eine Einstellung wählen, die nichts anderes war als Vollautomatik. Das musste bedeuten, folgerte der Cellist, in dieser Verwendungsweise ist der Superapparat nicht komplizierter als das abgelegte Hobbygerät. Diese Erkenntnis ermöglichte es ihm einzuschlafen. In Träumen sah er sich aber auf Berggipfeln stehen und angesichts aufsteigenden Bodennebels die richtigen Knöpfe am Apparat nicht finden. Des Morgens kam er etwas unkonzentriert zu einer ersten Orchester-Bühnenprobe.

Seine Karriere als Fotograf war allerdings unaufhaltsam. Denn dieser Apparat lieferte vollautomatisch, da konnte man machen, was man wollte, technisch hervorragende Bilder. Und da die bereits besprochenen bildnerischen Sensibilitäten noch dazukamen, entstanden Fotoserien, Vergrößerungen, Albumfüllungen von höchster Qualität. Wurde der Cellist von Kennern gefragt, mit welcher Kamera er denn diese traumhaften Bilder gemacht habe, konnte es sein, dass die nach Beantwortung einerseits sagten „Ja dann!", andererseits aber Bewunderung erkennen ließen, vergleichbar dem Eindruck, den man bei Weinkennern macht, wenn in einer aufgelassenen Garage sechshundert Château-Weine geschlichtet sind.

Jetzt fuhr er auch im Winter manchmal zum Badehaus und belauerte das immer dunklere, bleierne Wasser. An den Tagen, kurz vor Beginn des Frierens, zeichnete ein Entenschwarm seltsame Ornamente. Die von diesem geschwommenen Strecken blieben kreuz und quer als Linien stehen und lange sichtbar. Eine reizvolle Grafik. Der Cellist legte seinen Fotoapparat ans Auge. Er suchte das Zentrum der Komposition. Denn davon hielt er nichts, wie wild draufzudrücken, um dann mit dem Fotohändler den idealen Ausschnitt festzulegen. Nein, er fotografierte *das* Bild. Es zeigte sich ihm fast vollendet. Die dieses Bild störende Sonne war gerade weg. Nur im linken oberen Eck des Formats war ein Loch, das war durch einen leichten Schwenk nicht zu korrigieren, weil dann war es rechts unten. In der Sekunde schwamm eine Ente rechts oben ins Bild und zeichnete die fehlende Gerade.

„Sie sind ein großer Künstler", sagte der Apotheker zum

Cellisten, nachdem ihn dessen Frau genötigt hatte, das neueste Bild ihres Mannes anzusehen.

„Ich hoffe sehr, Sie meinen nicht nur als Fotograf", antwortete der lächelnd, mit leichtem Unterton.

Der Cellist wurde immer kreativer. Er fotografierte bei zu schwachem Licht, er fotografierte ins Gegenlicht. Das ergab meistens interessante Bilder. Warum, wusste er nicht. Nur selten wurde aus scheinbar ganz problemlosen Aufnahmen nichts. Das konnte er sich dann überhaupt nicht erklären.

Das Verhältnis Fotoapparat – Fotograf wurde immer belasteter. Der Fotograf wurde gereizt, wenn er das Gerät nur sah. Er fühlte sich disqualifiziert, wie ein dummer Mann vor einer klugen Frau. Und er reagierte wie ein dummer Mann. Durch totale Inbesitznahme, wenn er fotografierte, durch Negation in den immer größeren Pausen. Quartalsmäßig vergewaltigte er den Apparat bis zur eigenen Erschöpfung. Aber es half nichts. Post coitum war klar, der Apparat ließ sich vom Fotografen nicht wirklich besitzen. Das alles spürte der Fotograf nur viertelbewusst. Aber er kam, nach etwa zwei Jahren, noch vor seiner Frau und der Verwandtschaft drauf, er hatte aufgehört zu fotografieren. Total. Warum? Er legte die Kamera vor sich auf die Couch und bekannte: Ich habe ein immer schlechteres Gewissen vor diesem alles könnenden Fotoapparat bekommen. Ich nütze ihn nicht. Ich hole die Nuancen aus den geheimnisvollen und unendlichen Möglichkeiten des Instrumentes nicht heraus. Ich spiele auf einem alten italienischen Cello „Hänschen klein". Monat für Monat habe ich mir vorgenommen, das Programm Automatik zu verlassen und mit Schärfen, Filtern und Selektivmessungen zu experimentieren. Ich habe den Schritt nicht gewagt. Ich habe Angst. Ich bin ein Versager. Es muss etwas geschehen.

Eines Tages sprach er nach einer Hauptprobe in der Theaterkantine den Theaterfotografen an. Er hätte auch den Fotohändler fragen können, der seine Bilder – häufig lobend – entwickelt hatte, jenen, dessen Rat er ja diese wunderbare Kamera verdankte. Aber vor dem schämte er sich. Er fragte also den Theaterfotografen, ob der einen seriösen Fotohändler wisse. Der unter einigen Intendanten ergraute Mensch beteuerte, es gebe keine seriösen Fotohändler, das sei so ähnlich wie bei Opernregisseuren. Er wollte aber wissen, worum es im speziellen Fall gehe. Der Cellist gestand, seinen wunderbaren, für ihn zu guten Fotoapparat loswerden und durch ein leistungsfähiges, modernes, problem- und geheimnisloses Ding ersetzen zu wollen. Der Theaterfotograf schnalzte mit der Zunge, als er den Markennamen des abzugebenden Fotoapparates hörte. Er habe auch einen. Zu Hause. Er verwende ihn nie. Für den Beruf sei er nicht schnell genug. Aber er würde ihn nie hergeben. Doch er verstehe die Situation des Cellisten, er sammle ja auch keine Streichinstrumente.

Der Theaterfotograf empfahl dem Cellisten in die Hauptstadt zu fahren, dort gebe es ein Geschäft, das alle Neuheiten habe, auch die von morgen, und dazu eine Sonderabteilung für Fotofreaks, für Sammler. Dort erzielten die antiquarischen Raritäten hohe Preise. Dort würde man dem Cellisten entsprechend viel anbieten, er würde beim Kauf eines modernen Allzweck-Apparates noch Geld zurückbekommen. Diese Auskunft gefiel dem Cellisten sehr. Er lud den Theaterfotografen auf ein Bier ein.

Der Cellist saß im Zug. Durch das Fenster sah er immer wieder einmal ein Motiv. Nein, dachte er, ganz möchte ich das Fotografieren nicht mehr lassen. Sein Auge war auch in der Zeit der Verweigerung die Programmierung nicht losgeworden.

Er hatte sich zu einem spielfreien Tag noch einen Tag

Urlaub genommen und war auf dem Weg in die Hauptstadt. Den Zweck dieser Fahrt hatte er seiner Frau in liebevoller Weise dargestellt. Und sie hatte ihn verstanden. Sie begriff seine Blockade zwar nicht, war aber einsichtig, dass er nach einem Weg suchte, wieder Freude am Fotografieren zu bekommen. Schließlich sei das Kind schon seit längerer Zeit nur durch schreckliche Bilder aus Händen von Verwandten in den Alben vertreten, dabei sei es gerade jetzt so süß.

Am Hauptbahnhof angekommen, stieg der Cellist, die Fototasche mit allem Drum und Dran über der Schulter, in ein Taxi und ließ sich zum großen, bekannten Fotogeschäft bringen.

Dieses stellte sich ihm als eine neue Art des Kabinetts des Spalanzani aus „Hoffmanns Erzählungen“ dar. Eine Welt der Magie, des unenträtselbaren Irrsinns. Das junge ihn nach seinen Wünschen fragende Mädchen schien überhaupt nicht ins Dekor zu passen. So unkompliziert, so natürlich gab es sich. Der Cellist sagte, was er wollte. Aber er sagte es sehr umständlich. Das Einzige, was das Mädchen begriff, war der Name des zu tauschenden Apparates. Sie bat einen Augenblick zu warten, sie wolle den Herrn holen, der für diese Marke der absolute Spezialist sei. Der kam nach einer Weile, die lange genug war, um den Cellisten frösteln zu lassen. Die Hitze des späten Juni hatte in dieser Klimatisierung keine Chance.

Der Fachmann kam. Ein Spalanzani. Herr über die Technik. Bereit zur Vorführung und zum Verkauf der Wunder. Er hörte sich des Cellisten noch unsicherer formuliertes Anliegen an. Dann sagte er, nach staunender Pause, in nicht zu überbietender Suggestivkraft: „Wenn Sie einmal in Ihrem Leben mit dieser“ – er nannte den Markennamen – „fotografiert haben, werden Sie nie mehr mit einer anderen glücklich.“

Spalanzani verwandelte sich in Dapertutto, den dämonischen Brillenverkäufer. Er machte dem Cellisten ganz andere Vorschläge. Ein Tausch sei schon denkbar. Aber doch nur gegen das neueste absolute Wunderwerk dieser Modellreihe, das diesen Vorzug, jene Digitalisierung undundund habe. Dapertutto tat so, als ob er den Cellisten seit langem schon als Meister der Bilder zu verehren gelernt hätte, brachte ihm bei, es sei unter seiner künstlerischen Würde, nicht mit diesem neuen Modell und dessen phänomenalen Zusätzen weiterzuarbeiten.

Nach einer Stunde verließ der Cellist das Geschäft der Herren Spalanzani & Dapertutto mit dem kompliziertesten Fotoapparat der Saison, komplettiert durch Superblitz und Winder, eines enormen Betrages via Scheckkarte beraubt.

Im Zug, auf der Heimfahrt, brach ihm der Schweiß aus.

Ich muss mich entmündigen lassen. Ich bin nicht mehr Herr meiner Sinne und Entschlüsse. Man kann mich nicht mehr allein vor das Haus lassen.

Heimgekommen beichtete er und erklärte seiner verständnisvollen Frau und sich, er habe nur eine Möglichkeit der Rechtfertigung. Er müsse diesen Apparat nun in all seinen technischen Facetten begreifen, üben, beherrschen, verwenden. Das begann er zu tun. Nächtelang saß er da, studierte die Möglichkeiten der Selektivmessung, des Overrides, des Über- und Unterschreitens des Messbereiches, die Schärfentiefen der Objektive, das Spiel mit der vorsätzlichen Unschärfe, das Filtern und was nicht noch alles. Er begann sehr bald extreme Fotos zu machen, verließ beim Einstellen den gesicherten Bereich, riskierte Doppelbelichtungen, wurde in seinen Programmierungen geradezu anarchisch. Aber was er auch tat, es wurde immer Kunst. Er war fassungslos. Je mehr es unübersehbar Kunst wurde, desto weniger begriff er oft, warum. Der Fotohändler jubelte, wenn der Cellist mit einem neuen Film ankam. Er bat sogar um Überlassung einiger Negative, um seine Auslage mit Bildern des Cellisten in Plakatgröße schmücken zu können. Beim Ausfolgen ausgearbeiteter Bilder wollte der Fotohändler auch oft wissen, wie der Meister dieses oder jenes denn gemacht habe. Der aber hatte keine Ahnung mehr. Er wusste wohl, dass er mit Infrarot oder Repro-Beleuchtung gearbeitet hatte, mit Fluoreszenz und indirektem Blitz, aber er wusste keine Details mehr. Er wusste nur, seine Fototrips waren ausgelebtes Suchtverhalten, machten ihn zum Narren einer Leidenschaft. Das sagte er aber nicht. Er sagte meist nur leise: „Gewusst wie." Und wenn er irgendetwas in der richtigen Richtung zusammenlog, staunte der Fotohändler und gestand noch viel lernen zu müssen.

Im Kaffehaus sprach ein schmieriger Zeitgenosse den Cellisten an. Er sei der zweite Vorsitzende des Fotoklubs, man plane demnächst eine Ausstellung „Der See im Laufe der Jahreszeiten", er habe vom Fotohändler gehört, der Herr mache so sensationelle Bilder. Er sei herzlich eingeladen, sich an der Ausstellung zu beteiligen. Die Vorstellung, mit seinen Bildern zwischen Aufnahmen von Fotografen zu hängen, die höchstwahrscheinlich wussten, warum ihre Fotos so oder so geworden waren, stieß den Cellisten ab. Er torkelte zwischen Genie und Zufall. Er hatte große Bildideen. Und wenn er dann das Ergebnis sah, wusste er manchmal nicht mehr, ob es seine Idee war oder die geheimnisvolle Absprache zwischen Natur und Fotoapparat. Er schoss in den Abendhimmel über der Seebucht hinein, bildsüchtig, drückte auf den Winder, um das Verschwinden des Rot im Blau in jeder Phase festzuhalten und sah dann Tage später einen orangenen Himmel auf dem Fotopapier, eine asiatische Märchenszenerie, von allen bewundert, aber von ihm nie fotografiert, jedenfalls nicht so.

Das konnte sein Leben nicht sein, nicht bleiben. Er war Cellist. Meister eines Klangkörpers. In der Lage, kontrolliert dessen Saiten zu streichen und Töne zu erzeugen. Bis zur Virtuosität. Das war seine überprüfbare Kunst. Er wollte sie nicht durch eine unüberprüfbare schänden. Er hatte es nicht nötig, sich von der Dämonie eines Gerätes demütigen zu lassen. Da musste eine Lösung her.

Der Cellist fuhr in seinem Auto zum Badegrund am See. Im Kofferraum den Instrumentenkasten mit dem Cello. Auf dem Rücksitz den Fotokoffer. Er ließ den Sucher des Autoradios hin und her fahren, bis ein Klassikprogramm gefunden war. Wie zum Hohn erkannte er schon nach den ersten Tönen Jean Sibelius. Fotomusik. Zwanghaft erstanden Bilder. Sehr breite, sehr ruhige Grau-in-Grau-Panoramen. Ein Bildwerfer projizierte sie nach thematischen Einsätzen ins Hirn.

Der Cellist drehte das Radio ab.

Auf dem Nebensitz lag die aufgeschlagene Feuilletonseite der Tageszeitung. Deren ihm wichtigste Meldung war: Das Theaterorchester sollte in den Rang eines Symphonieorchesters erhoben werden. Dafür würden vom Kulturamt neue Planstellen bewilligt. Von jungen, ehrgeizigen Musikern und von erhöhter Konzerttätigkeit erwarte man sich eine weitere Qualitätssteigerung.

Der Cellist fuhr zu schnell. Seine Fantasie begann auf dem Cello zu üben. Immer verrückter. Als eine Ampel auf Rot stand, besah er im Rückspiegel den Grund, sein Instrument seit einiger Zeit vernachlässigt zu haben.

Der Cellist ruderte langsam in die Seemitte und dachte nach. Ich könnte noch einmal versuchen den Apparat zu tauschen. Wogegen? Würde ich statt das Cello zu streichen auf dem Kamm blasen? Ich könnte den Apparat dem Fotohändler verkaufen. Der würde mich übers Ohr hauen. Der würde mir niemals das geben, was ich zu bekommen hätte. Zumal er mich als Kunden für Entwicklung verliert. Ich könnte noch einmal in die Hauptstadt – nein, diesen Laden betrete ich nie mehr. Diese Stätte meines Versagens, meiner Willenlosigkeit, meiner Nichtemanzipation. Ich könnte den Apparat dem Mann meiner Schwägerin schenken. Das ist ein netter Familienmensch, stets wohlgesonnen. Er wird bald fünfzig. Aber dann würde dieses Schwein mit meiner Kamera die herrlichsten Fotos machen, würde sich loben lassen, angeben und mit der Zeit wirklich glauben, er sei der tollste Fotograf. Nein, das alles kommt nicht in Frage.

Die Wellen glitzerten in besonders schnellem Rhythmus. Erste Schleierwolken schoben sich vor das tiefe Blau des Himmels. Würde es am Nachmittag gewittern? Würde es heute wieder den schon so oft fotografierten doppelten Regenbogen geben? Und davor die Einschläge der Tropfen in das grau-bleierne Wasser?

Ich könnte den Apparat in eine Lade legen. Er wird nur immer wertvoller. Vielleicht kommt ein Jahr, in dem ich ihn wieder herausholen und neu beginnen mag. Nein, das bedeutete eine ständige Bedrohung, eine permanente Belastung. Gar einen Grund, schlechtes Gewissen zu haben.

Der Cellist blickte durch den Sucher. Sentimental schwenkte er seine Motive ab, rief sich die vielen Stimmungen in Erinnerung, in denen er sie schon gesehen hatte.

Ein Foto fiel ihm ein, das er sich Jahr für Jahr vorgenommen aber doch nie gemacht hatte. Am Seeende fielen genau in der Mitte der Schmalseite des Wassers zwei Berge gegeneinander ab, gaben dem Horizont ein Dreieck mit der Spitze nach unten frei. An zwei, drei Tagen im August ging die Sonne mit ihrem allerletzten Rot genau in diesem Winkel unter. Dieses Bild – extrem hergeholt – wäre als Natur nicht zu erkennen gewesen. Nur als geometrischer Farbwahnsinn.

Der Cellist stellte seinen Apparat ein. Sah die Farben, die nicht da waren, legte den Ausschnitt fest. Er drückte ab. Virtuell. Er lächelte. Erleichtert.

Dann schob er den Apparat in die große Fototasche, wo auch die anderen Objektive, das Putztuch, der Pinsel, die Filter und alles Mögliche lagen, verschloss die Tasche und warf sie nicht ins Wasser, nein, er beugte sich aus dem Boot, setzte die Fototasche zärtlich auf den Spiegel auf, ließ sie los und sah leise zitternd zu, wie sie hin und her trudelnd in der Tiefe des Grünblau verschwand.

Er ruderte zum Ufer zurück, hing das Boot an den Steg, holte sich aus dem Bootshaus sein Tonbandgerät, legte die Kopfhörer an, drückte auf Start, lauschte dem eingelegten Casals, der Bach-Partita in d-Moll, sah auf das Wasser und ließ die Bilder leben.

Klavierspieler

Der Klavierspieler erwachte. Er hatte im Traum einen Ragtime spielen wollen, aber die linke Hand hatte immer ins Leere angeschlagen. Entweder waren da keine Tasten, oder sie klangen nicht. Ein fetter Mann erklärte, das sei seinen Gästen nicht zuzumuten. Da wurde der Klavierspieler panisch. Und wach.

Beim Wasserlassen merkte er, wie seine rechte Hand leicht zitterte. Wie verschwitzt er war. Es dämmerte ihm, was das für eine ungute Nacht gewesen war. Er hatte im „Logos" gespielt, im Solo. Auf diesem schon ziemlich zusammengedroschenen Stutzflügel, den er hasste, wie das „Logos" überhaupt. Weil dort die Leute so laut redeten, nicht zuhörten und fast so viel soffen wie er.

Er suchte im Kühlschrank nach etwas ganz besonders Kaltem. Er fand eine kalorienreduzierte Buttermilch. Sie widerte ihn an. Ihr Ablaufdatum war auch längst vorbei.

Gestern muss es wieder sehr schlimm gewesen sein, dachte der Klavierspieler. In den letzten Monaten wird es eigentlich immer schlimmer. Ich sauf mich schön langsam um meinen Verstand. Ein bisschen früh für meine fünfundzwanzig.

Ich rede schon wie mein Vater. Das ist doch zu blöd, wenn man zu sich selbst wie sein eigener Vater redet, mit den gleichen Worten. Aber andererseits, warum soll ich mir um mich nicht mindestens so viele Sorgen machen wie mein Vater? Ich stehe mir ja noch näher. Um diese Zeit steht er wohl vor einer Klasse, der Herr Professor, und erklärt die Weltgeschichte. Am Rande des Disziplinarverfahrens. Ja, politisch ist er in Ordnung, mein Alter. Da kann ich stolz auf ihn sein. War ich ja auch immer. Aber immer die Lebensregeln. Diese ewigen Lebensregeln. Wenn du nicht aufhörst, dann …

Im Hirn des Klavierspielers trommelten Triller.

Welchem Gott soll ich danken, dass ich mir diesen Scheiß nicht mehr anhören muss? Aber ich sollte wieder einmal vorbeischauen bei den Alten, das gehört sich einfach so. *Sie* ist ja nicht so schlimm. Er doch auch nicht, in gewisser Weise.

Plötzlich bekam der Klavierspieler Angst, die Eltern könnten *ihn* besuchen. Weil er doch schon seit Tagen – oder waren es Wochen? – nichts mehr von sich hatte hören lassen. Wie sein Zimmer aussah! Seine Kleinwohnung! Dieses Chaos, das man nicht mehr anzugreifen wagt, das einen aus der Wohnung treibt. Noten, leere Flaschen, CDs, Socken, verdreckte Keyboards. Und das schöne, fleckunempfindliche Leintuch hatte er auch vergessen aus der Wäscherei zu holen. Seit Tagen schlief er auf dem Unterbett.

Wenn das die Alte sieht und den Staub auf dem Klavier, heult sie. Aber wenn *ich* sie besuche, dann nur, wenn ich die Nacht davor trocken war. Nur dann.

Der letzte Familienausflug fiel ihm ein. Auch schon eine Zeit her. Da hat er schön geschaut, der Alte, wie ich gesagt habe, ich trinke zur Zeit nichts. Keinen Schluck. Er hat beinahe ein schlechtes Gewissen gehabt, wie er vor mir seinen Wein getrunken hat. Aber ich war eisern. Ich habe ihn beschämt. Nur ist dann dieser Trottel von einem Wirt mit Schnäpsen gekommen. Zum Abschied. Spende des Hauses. Den hab ich natürlich getrunken. Und den von meiner kleinen Schwester auch. Und dann hat der Herr Professor so blöd dreingeschaut, so blöd verletzt. Unerträglich.

Er legte sich noch einmal aufs Bett.

Das war zu arg gestern, gestand er sich ein. Es war ja auch wieder Schnee dabei. Natürlich, da ist doch diese

Schwarze gekommen und hat gesagt, ich soll mit ihr aufs Klo, sie hat was. Da bin ich mit ihr gegangen, es hätte ja was bringen können. Aber sie wollte nur koksen mit mir. Hab ich halt. Warum denn? Ich will doch schon seit Wochen nicht mehr. Der Dreck geht derartig ins Geld. Gut, heute Nacht war ich eingeladen, aber sonst? Das muss sich alles aufhören. Auch die Sauferei!

Er sah eine Grappaflasche auf dem Klavier stehen. Ein schwaches Drittel war noch drin. Er stand auf. Er verspürte den unbändigen Drang sie anzusetzen. Nur um diesen ekligen Geschmack der Buttermilch abzutöten. Er griff die Flasche an, hielt inne. Er bekam Angst. Doch nicht am Vormittag! Doch nicht, ohne was gegessen zu haben! Bin ich abhängig? Bin ich *schon* abhängig? Das bringt mich um! Das erledigt mich. Als Klavierspieler! Überhaupt! Total!

Er stellte die Flasche ab und vergrub sich noch einmal in seinem Kissen.

So jung er war, so viele hatte er schon gesehen, mit denen es nicht mehr weiterging. Und von anderen hatten Kollegen erzählt, wie die früher waren, bevor sie sich weichgesoffen hatten. Welche Chancen die gehabt hätten.

Das Wort *Chancen* fraß sich fest. Da war doch was in der Nacht, versuchte der Klavierspieler sich zu erinnern. Da war doch was! War es im „Logos"? Nein, dort war gar nichts. Dort war nur die Schwarze mit dem Schnee.

Es fiel ihm ein, was war. Der Anrufbeantworter hatte geblinkt, als er durch die Eingangstür stolperte. Es war was drauf. Die „Komödie" war drauf. Die Direktion der „Komödie". Er ging zum Anrufbeantworter und spielte sich den Anruf noch einmal vor. Eine freundliche Frauenstimme fragte, ob er gegen Mittag beim Direktor der „Komödie" vorsprechen könne. Der habe ein Problem und daher ein Angebot.

Der Klavierspieler erinnerte sich gerne an die Zeit in der „Komödie". Im letzten Jahr war das. Da hatten sie zu viert ein kleines Musical begleitet – *Kammermusical* war auf dem Plakat gestanden –, und er hatte die leicht angestaubte Musik neu arrangiert.

Da ging sie doch ganz tierisch ab, erinnerte er sich stolz. War auch gut besucht, das Ding. Wenn da eine blöde Gans nicht einen Fernsehurlaub bekommen hätte, könnten wir's wahrscheinlich heute noch spielen!

Theater ist toll. Da ist alles so ordentlich. So geregelt. Da musst du pünktlich bei der Probe sein, eine halbe Stunde vor der Vorstellung im Theater, da gibt's kein Zuspätkommen, da gibt's kein Nicht-in Form-Sein, da muss man immer sein Kostüm anziehen, einfach gut. Wieso heißt das eigentlich Kostüm? Es ist doch nur ein Anzug. Kostüm ist doch was anderes. Was Altes. Frack oder so. Egal, sie sagen Kostüm zum Anzug. Mir soll's recht sein. Die Tontechniker waren auch immer so freundlich. Den einen habe ich einmal erwischt. Wie ich zu früh dort war, da hat er selbst gespielt. „Over the rainbow". Bei der einen Harmonie hat er sich überhaupt nicht ausgekannt. Da hat er sich richtig geniert sie laut anzuschlagen, so daneben war sie. Ich hab sie ihm gezeigt. Das hat ihn gefreut. Es war eine gute Atmosphäre. Theater. Unbedingt wieder Theater! Das ist im Moment die Lösung. Danach kann man weitersehen.

Der Klavierspieler konzentrierte sich und fixierte ein Programm: Duschen. Zähneputzen. Espresso unten am Eck. Dann U-Bahn. Bin ich noch vor der Mittagszeit beim Direktor. Das ist zu schaffen. Vielleicht eine Rolle Pfefferminz. Gibt guten Atem.

Er ging unter die Dusche und ekelte sich vor einem leichten Dreckrand auf dem Boden der Duschkabine.

Nach der dritten Station der U-Bahn war es zu Fuß nicht mehr weit zur „Komödie“. Dem Klavierspieler schien alles so unscharf, was er beim Gehen sah. Bei den Autos konnte er das noch verstehen, die fuhren, die bewegten sich. Aber die Plakate! Warum waren die Schriften, die Körper der Modelle so unscharf?

Ich sehe gut, sagte er zu sich. Ich sehe ausgezeichnet. Ich spiele zwar nicht gerne vom Blatt, aber sie können mir hinlegen, was sie wollen. Ich sehe alles. Noch im Halbdunkel. Jede Note. Ganz scharf. Das ist nur heute, das mit dieser Unschärfe. Das vergeht. Wahrscheinlich habe ich etwas Schlechtes getrunken.

Die „Komödie“ war ein altes, eher kleines Theater, mit einer Gründerzeitfassade und großen Schaukästen zwischen mehreren Türen. Der Klavierspieler ging von Schaukasten zu Schaukasten und betrachtete die Fotos. Auf einem Porträt erkannte er einen Fernsehstar. Der sah nicht so gut aus wie sonst. „Tod eines Handlungsreisenden“ stand unter dem Bild. Der Titel sagte dem Klavierspieler was. Er erinnerte ihn an die Schule. An den Literaturunterricht. Das war das Stück, das er so besonders nicht mochte. Wo er sich absolut verschloss. Dieser Vater, der dauernd einen Sohn überschätzt, der dauernd von ihm behauptet, er sei der Größte, das konnte er damals nicht brauchen. Aber man könnte es sich doch anschauen. Heute. Aus der Distanz. Was hat man zu fürchten, wenn man an diesem Theater Musik macht, eine Produktion musikalisch leitet! Wen hat man da enttäuscht?

Die Direktionssekretärin fand es fein, dass der Kontakt schon nach dem ersten Anruf geklappt hatte, der Herr Direktor sei gleich frei. Sie bot Kaffee an. Der Klavierspieler dankte, er habe eben erst einen getrunken. Die Sekretärin meinte – durchaus liebenswürdig –, er mache einen leicht übernächtigen Eindruck. Der Klavierspieler bestätigte, er habe bis weit nach vier gespielt, sie wisse ja, wie das ist.

Der Direktor der „Komödie“ telefonierte noch, als der Klavierspieler hereinkam. Er bot lässig einen Sitz an, verabredete mit seinem Gesprächspartner noch einen Rückruf, legte auf, kam freundlich mit ausgestreckter Hand zum Klavierspieler her, gab dem gar keine Chance aufzustehen.

„Freut mich! Wie geht's? Was tut sich? Wie läuft's? Ich hab was für Sie. Wenn Sie Zeit und Lust haben. Wir machen ein Liederprogramm, ein Liebeslieder-Programm, alle so genannten *Lieblinge,* die das Publikum sehen will, sind dabei“, er begann vergnügt zu lachen, „Sie wissen ja, singen wollen alle, auch wenn sie's nicht können, aber das spielt jetzt keine Rolle“, er wurde wieder sachlich, „wie gesagt: Liebeslieder. Ihr Kollege“, und er nannte einen dem Klavierspieler vertrauten Namen, „hat das Programm zusammengestellt, sehr schön, sehr rund, vielleicht muss man noch was dran machen, er sollte auch selber begleiten, er hat auch mit der Einstudierung schon begonnen, ich muss ihn nur leider rausschmeißen, der Kerl säuft.“

Dem Klavierspieler stockte der Atem.

Nichts anmerken lassen, befahl er sich. Seit wann säuft der? Ich hätte gedacht, nicht so viel wie ich. Ich mag den Mann. Er spielt nicht toll Klavier. Ich meine, technisch schon. Aber wenn der ohne Schlagzeug spielt, schwimmt er. Die *time* ist absolut im Arsch bei dem. Aber technisch ist er gut. Seit wann säuft er?

„Weiß er schon, dass Sie ihn –?“

„Natürlich nicht. Ich muss doch erst einmal klären, ob ich einen geeigneten Ersatz habe. Sie haben also Zeit? Dann gehen Sie in die Dramaturgie und holen Sie sich das Material. Gagenmäßig werde ich Ihnen einen Vorschlag machen, im üblichen Rahmen. Ich muss mir nur noch überlegen, was ich *ihm* zahle für die Zusammenstellung. Für Sie bleiben dann Einstudierung und Abendgage. Er wird sich nicht wehren können. Es ist ja nicht vorstellbar, was wir mit dem Mann mitgemacht haben. Auf zwei Proben ist er überhaupt nicht erschienen, und wie das Büro angerufen hat, hat der Kerl regelrecht ins Telefon gelallt. Am dritten Tag ist er dann erschienen, aber mit so einer Fahne, dass die Regieassistentin geglaubt hat, sie überlebt's nicht."

Der Klavierspieler stand auf der Straße vor der „Komödie". In der Hand krampfhaft eine große, zugebundene Mappe mit kopierten Noten festhaltend.

Nicht zu glauben, diese Noten hat der auch. Und wird sie nicht spielen. Weiß noch nicht, dass er sie nicht spielen wird. Wie kann der so verrückt sein, sich diesen Job nehmen zu lassen. Vergiss das „Logos" und wie diese Scheißläden alle heißen, mit ihren miesen Klavieren. Ich hab's doch heute wieder gespürt: Theater, das ist doch eine andere Atmosphäre, ein anderes Leben. Da macht eine Sekretärin die Tür auf, eine gepolsterte Tür, und die Fauteuils beim Direktor, eine Sensation. Ich ruf die Frau an, die früher bei mir aufgeräumt hat. Die muss wieder Ordnung machen. Da gehört ein neuer Stil her. In jeder Hinsicht.

Nein, es ist gut, dass ich das mache. Wieder einmal Proben. Einstudieren. Pünktlich sein. Nette Leute kennen lernen. Vielleicht ist eine Schauspielerin dabei, die auf mich steht. Ich kann ja an spielfreien Abenden genug daneben machen. Ich muss mit dem Chef vom „Logos" reden. Der braucht doch nur die Termine irgendwie zu koordinieren. Das geht schon. Wo habe ich meinen Kalender? *Wo* habe ich meinen Kalender? Warum führe ich denn den nicht mehr? Das kommt alles von diesem blöden Saufen.

Er verspürte Durst, einen Brand. Er erinnerte sich an das „Café Komödie“ in der nächsten Querstraße. Am Weg dorthin verarbeitete er seine Situation weiter. Zeit hatte er genug, zumal er zunächst – in seiner Verwirrung – eine Querstraße zu weit ging.

Jetzt hauen die den einfach raus. Weil er säuft. Und ich kriege den Job. Ist ja nicht zu fassen. Genau genommen dürfte ich ja gar nicht – andererseits – *ich* werde keine Probe versäumen, ich werde nie blau antreten, das wird es bei *mir* nicht geben. Was soll ich da Skrupel haben? Außerdem bin ich besser. So viel ist einmal klar.

Was sind das für Noten? Gedruckte wahrscheinlich. Ich hab gar nicht gefragt, ob ich allein begleiten soll oder mit Rhythmus. Muss ich am Nachmittag anrufen. Zuerst schau ich mir einmal das Material an. Kann mir schon vorstellen, was der ausgesucht hat. Wird man alles einrichten müssen, wenn es nicht so altspatzenartig klingen soll.

Jetzt stand der Klavierspieler dem „Café Komödie“ gegenüber auf der anderen Straßenseite. Er hastete hinüber. Er hastete, obwohl die nahe Ampel für Fußgänger auf Grün stand. Er hatte Angst, die Autos würden sich nicht an die Farben der Ampel halten, sie würden sie möglicherweise gar nicht genau erkennen.

Er betrat das Kaffeehaus. Das Einzige, was er sofort ganz scharf sah, war die Viererloge, in der allein der Kollege saß, der andere Klavierspieler, der gefeuerte, der durch ihn ersetzte, der Vorgänger.

Der winkte freundlich und lud zum Dazusetzen ein.

Der Klavierspieler hatte Angst, der Kollege könnte sich nach dem Inhalt der Notenmappe erkundigen. Daher verstaute er sie erst oben auf dem Garderobenständer, bevor er sich in die Loge zwängte. Sie schüttelten einander die Hand. Der Klavierspieler wusste nicht, was er sagen sollte. Ein „Wie läuft's?" brachte er gerade noch heraus.

Der Kollege setzte seine Kaffeetasse ab.

Seine Hand zittert überhaupt nicht, dachte der Klavierspieler, wieso sagen die, dass er säuft?

Der Kollege wiederholte die Frage:

„Wie's läuft? Na ja, wieder gut."

„Wieso wieder?", wollte der Klavierspieler wissen.

„Ich hab eine schwierige Zeit hinter mir. Ich war mit einer Schwedin zusammen, einer Tänzerin, die ist eines Tages dahin gewesen. Ohne was. Da hat's mich ziemlich gehabt, eine Zeit lang. Es wird dir aufgefallen sein, ich habe ja monatelang nirgends regelmäßig gespielt. Immer nur Zufallsgigs. Da bin ich ein bisschen ins Schlucken gekommen."

Nach einem kurzen, traurigen Lachen sagte er:

„Jetzt hab ich einen im Grunde ganz guten Job."

Der Klavierspieler wollte sagen „Hast du nicht", brachte es aber nicht heraus, quälte sich weiter. „Welchen?"

„Ich mache in der ‚Komödie' so eine Chanson-Revue. Das ist ganz gut für mich. Ich habe für eine Zeit meine Ruhe und kann alles wieder auf die Reihe bringen. Du verstehst. Spielst *du* noch im ‚Logos'?"

Jetzt hatte der Klavierspieler dem Kellner auf die Frage nach seinem Wunsch zu antworten. Seine Lippen formten mehrere nichtalkoholische Worte, dann sagte er:

„Einen kleinen Cognac und ein Mineral. Sehr kalt. Eisig."

Dem Klavierspieler fiel ein, was ihn an den Worten des Kollegen irritiert hatte.

„Wieso hast du gesagt, du hast einen ‚im Grunde' ganz guten Job? Was ist nicht o.k. dran?"

Der Kollege sah ihn so offen an, dass es weh tat.

„Du kennst doch dieses Schwein von Direktor. Der hat

mich derartig in der Gage gedrückt. Budgetprobleme, Subventionskürzungen, lauter solchen Scheiß hat er mir erzählt. Um 25 Prozent weniger als zuletzt kann er mir nur zahlen, und das Zuletzt war vor drei Jahren. Um 25 Prozent weniger! Stell dir das vor!“

„Kann man nicht machen!“, sagte der Klavierspieler laut, aber zu sich. „Darf man nicht machen!“

„Ich hab mir gedacht, egal, Hauptsache, es läuft was“, sagte der Kollege. „Aber es stinkt mir. Es stinkt mir immer noch.“

„Kann ich mir denken.“

Er hatte den Cognac mit einem leichten Schluck zu trinken begonnen, jetzt leerte er den Rest mit gierigem Zug.

„Herr Ober, noch einen!“

Er wandte sich an den Kollegen: „Du auch?“

Der lachte: „Nein, noch zu früh für mich. Überhaupt, ich muss.“

Er reichte dem Klavierspieler die Hand, sah sich nach dem Kellner um, nahm diesen an der Theke wahr, ging hin und zahlte im Vorbeigehen.

Wieso geht der jetzt, fragte sich der Klavierspieler. Jetzt hätte ich ihm reinen Wein eingeschenkt. Jetzt hätte ich ihm doch alles erzählt.

Der Kollege verschwand, noch einmal zurückwinkend, aus der Tür. Auch der Klavierspieler hob die Hand.

Ich hätte ihm jetzt alles erzählt. Beinahe hörbar sagte er das zu sich.

Der Cognac kam. Nach kurzem Zögern war auch der unten. Das Glas Wasser gleich drauf.

Der Klavierspieler begann zu rechnen. 25 Prozent *meiner* letzten Gage, das wären ja nur … Das ist doch völlig ausgeschlossen. Ich bin mehr oder weniger ein Szene-Star, ich bin der Beste von den Jüngeren, ich kann doch nicht um ein Butterbrot in diesem Theater herumklimpern, das ist doch – Moment! Wer sagt mir denn, dass der Direktor das auch bei mir probiert, das mit der geringeren Gage, gesagt hat er nichts, gesagt hat er allerdings auch nichts anderes, das ist zu klären, das muss ich klären, bevor ich mich einlasse auf diesen Job.

Empörung und Entschlossenheit krochen gleichermaßen in ihm hoch.

„Herr Ober, einen noch!"

Er biss sich auf die Lippen.

Ganoven, alles Ganoven. Bei den Musikern wollen sie immer sparen. Und die unmusikalischen Komödianten räumen ab. Obwohl sie keinen Ton halten können. Obwohl man sich manchmal in den Boden schämen müsste, wenn man die begleitet. Dann muss man sich das wieder anhören, man spiele zu laut, oder zu kompliziert, man bringe sie heraus. Ich hab mir doch geschworen damals, *wenn* ich noch einmal Theater mache, dann muss das exzellent bezahlt sein. Im „Logos" kann ich spielen, was ich will und wie ich will. Und wenn ich sage, ich wechsle das Lokal, kriecht mir der Boss auf allen Vieren nach.

Er bezahlte. Das Trinkgeld war etwas zu hoch. Der Ober verzog keine Miene. Er kannte die Geltungssucht der Junggenies, wenn die schon am Vormittag einen in der Krone haben.

Der Klavierspieler formulierte seine Forderungen. Probenpauschale, so viel. Vorstellungshonorar, so viel. Zulage bei Doppelvorstellungen am Sonntag. Er ertappte sich bei der Vorstellung, wie er seinem Vater beichtete, er habe dem Theaterdirektor erklärt: Um dieses Geld, oder sonst lassen wir's! Und der Theaterdirektor habe geantwortet: Es ist schmerzlich, aber Qualität hat eben ihren Preis. Daraufhin hätte der Vater anerkennend gesagt, das ist schon ein tolles

Honorar, dafür muss ich viel Weltgeschichte aufsagen und interpretieren.

Der Klavierspieler stellte sich sein Ensemble zusammen.

Diesen Bassisten werde ich nicht mehr nehmen. Ein guter Musiker, ja, aber unverlässlich. Was heißt unverlässlich? Ich werde alles doppelt besetzen. Das ist auch eine Voraussetzung. Wir müssen alle Proben mit voller Mannschaft spielen. Sonst wird das nichts. Es soll ja gut werden.

Was heißt *gut!?*

Es muss ein Wahnsinn werden. Ich möchte keine Zeitung lesen, in der die Band unerwähnt bleibt. Überall muss stehen: Normalerweise leiden Chansonabende dieser Art an dem abgenudelten Stil der dreißiger Jahre. Diese drei jungen Musiker schlagen eine Brücke ins musikalische Heute. Es ist ein durch die Solisten kaum getrübtes Vergnügen, ihnen zuzuhören.

Gut, die zwei Bassisten sind klar. Welcher Drummer? Logisch wäre der Däne, den ich kürzlich das erste Mal gehört habe. Ein Muss. Ein absolutes Muss. Aber mein alter Kumpel hat eine ziemlich kranke Frau. Nicht zu machen, dass ich den übergehe. Ausgeschlossen. Und so viel schwächer ist er auch nicht. Die Premiere spielt eben … Das muss ich jetzt noch nicht entscheiden. Das hat Zeit.

Aber ich geh den Direktor um einen vierten Mann an. Für gewisse Effekte brauchst du einfach ein heiseres Sax. Für die irren Fills.

Ich handle meinen Burschen ordentliche Gagen aus. Sonst stimmt die Chemie nicht. Weil ich werde jetzt gehen und *meine* Gage ausmachen. Und die wird ordentlich sein. Da kann dieser Herr „Komödie“ Gift drauf nehmen. Darauf kann er einen lassen. Der Kollege ist ein Arschloch. Der kann sich nicht wehren, der Softie. Ich kann und ich werde.

Der Klavierspieler hatte etwas gegen seinen fürchterlichen Durst, oder wie er meinte, sein genetisch bedingtes Flüssigkeitsbedürfnis tun müssen. Zwei Dosenbiere bei der Frittenbude schräg gegenüber von der „Komödie“ hatten ihn so richtig fit für die Auseinandersetzung gemacht. Ein Korn kann jetzt nicht schaden, dachte er, sonst bin ich vielleicht zu aggressiv.

Vom Bühnenportier nahm der Klavierspieler nicht mehr viel wahr, von der Direktionssekretärin auch nur ein undeutliches verhinderndes „Der Herr Direktor erwartet Besuch“. Da stand er schon im Direktionsraum und hörte einen Mann, den er nicht sehr scharf sah, sagen:

„Bitte, was kann ich noch für Sie tun?“

Die Auskunft des Pianisten war nicht sehr artikuliert.

„Das mit der Gage sollten wir noch besprechen, weil das ist natürlich die Voraussetzung, weil, so geht's natürlich nicht, ich meine, Sie müssen mir schon sagen, wie Sie sich das im Detail vorstellen.“

Während dieses Satzes war der Direktor dem Klavierspieler nahe gekommen. Seine Augen wurden schmal. Sein Ton allerdings behielt diese gewisse bestimmte Liebenswürdigkeit.

„Kann das sein, dass Sie nicht sehr gut stehen? Irre ich mich sehr, wenn ich meine, dass Sie eine Fahne haben? Dass Sie stockbesoffen sind? Um diese Zeit? Darf ich Sie daher bitten, unser letztes Gespräch für hinfällig zu erachten? Die Sache hat sich erledigt.“

Der Klavierspieler spürte, dass er hinausgeschoben wurde, gänzlich ohne Einwirkung einer fremden Hand.

Der Direktor drückte auf die Gegensprechanlage zu seiner Sekretärin.

„Es müsste doch in einer Großstadt ein unbesoffener Pianist aufzutreiben sein. Suchen Sie mir doch einmal die Nummer von dem …“

Der Klavierspieler erwachte am späteren Nachmittag in seinem Zimmer. Lange regte er sich nicht, starrte nur zur Decke.

Dann ging er zum Telefon und rief bei seinen Eltern an. Er erreichte seine Mutter. Er wolle sich nur einmal melden, sagte er, und erzählen, wie es ihm so gehe, es gehe ihm blendend, heute habe er ein Angebot der „Komödie" gehabt, aber das habe er an der Gage scheitern lassen. Ja, er spiele noch im „Logos", weil das doch mit Abstand der beste Laden für einen Pianisten sei, aber in den nächsten Wochen würde die Sache mit einer eigenen Platte wahrscheinlich konkret werden. Deshalb müsse er zur Zeit Tag und Nacht üben.

Das letzte Drittel

Sie war Model. Nicht gerade international bekannt, aber in der Hauptstadt prominent beschäftigt, vor allem im Fotostudio. Weniger wegen ihres etwas zu dürren Körpers, mehr ihres wunderschönen Gesichtes wegen, das sich allerdings kaum ein Leser dieser Titelbild-Zeitschriften einprägen konnte. Denn es sah immer wieder anders aus. Es war eine untadelige Vorlage für Haarkünstler und Visagisten. Das Model war – optisch beurteilt – ein deklinierbares Nicht-Individuum.

Sie hatte mit sechzehn begonnen. Zuvor gab es die üblichen Kräche mit den Eltern wegen der bevorstehenden katastrophalen Schulabschlüsse, die ewigen peinlichen Verhöre wegen der irgendwo verbrachten Nächte mit den telefonischen Rückfragen bei der Schulfreundin, ob sie denn wirklich dort geschlafen habe. Das Leben zwischen Schule und Elternhaus wurde unerträglich. Die Lösung war die einfachste und üblichste, die Flucht nach vorn: abhaun! Auf die zwangsläufig darauf folgende Frage: wohin? wusste sie keine Antwort. Die ersten körperlichen Beziehungen zu Freunden hatten ihr da keine Lösung angeboten. Sie fand körperliche Liebe nicht unangenehm, manchmal sogar unterhaltsam, aber sie konnte es sich nicht vorstellen, etwas als *Glück* zu definieren, was mit Sexualität zusammenhing. Gespräche mit den Freundinnen brachten sie auf den Verdacht – er wurde sehr bald zur Gewissheit –, es könnte an der Tatsache liegen, dass sie keine Orgasmen erlebte. Allzu rasch redete sie sich ein, sie sei dazu wohl unfähig, verkrampfte sich und versuchte den Krampf durch Exzessivität zu überspielen. Sie mimte den

Vulkan und kam sich vor sich selbst immer armseliger vor. Ihr Selbstwertgefühl als Frau bedurfte einer Prothese. In diese Zeit kam der Vorschlag der Freundin, doch einmal mit ihr in das bekannte Fotostudio zu gehen, dort habe man den Wunsch nach neuen Gesichtern geäußert.

Der schwule Starfotograf schien auf dieses Model gewartet zu haben. Das war es, was ihm vorschwebte: eine Frau, aufgrund der vorhandenen Attribute zweifellos, aber kein Hauch von aggressiver Erotik, nur jene schlanke Eleganz, der er sich verbunden fühlte.

So war sie Model geworden, hatte den Skandalen mit den Eltern ein Ende gesetzt, war einfach ausgezogen, zuerst zur Freundin, dann in eine eigene Garçonniere und wiederum bald darauf in eine Zweit- oder Drittwohnung des Chefs einer globalen Werbeagentur. Für diese Wohnung hatte sie natürlich keine Miete zu zahlen, die Frequenz der Besuche ihres Mentors war ihr erträglich, und da er ihr auch von sich erzählte, seinen Problemen, seinen Träumen, seinen Fehlern, hatte sie das Gefühl, gebraucht, in seiner Gegenwart auch als Mensch nicht sinnlos zu sein. Es konnte sogar geschehen, dass sie das eine oder andere Mal Vorfreude empfand, wenn der Werbemann sich angesagt hatte. Der ließ ihr übrigens alle Freiheiten, er sprach das auch aus, ausgenommen war die Verwendung dieser seiner Wohnung für anderweitige sexuelle Unternehmungen. An diese Abmachung hielt sich das Model. Mit kleinen Ausnahmen.

Aber rund konnte sie ihr Leben nicht finden. Der Termindruck des Berufs, der Termindruck der vielen anderen Verpflichtungen für Reiche und Schöne, die von vornherein als vergeblich angesehenen Versuche, *den* Mann zu finden, den, der sie erlöst, wie auch immer, wohin auch immer, die eine ganz und gar unangenehm endende Idee, dem Liebeswerben einer Frau nachzugeben, die immer methodischere Anwendung von Stimulanzien, teils Tabletten, teils schierem Kokain, die Immer-wieder-Begegnung mit dem eigenen Gesicht auf Titelblättern und der damit gnadenlos verbundenen Frage: Bin das ich?

Das Model war etwa einundzwanzig, als es zur großen Krise kam. Es gab ein Clubbing, bei dem man eben zu sein hatte, sie war miserabel drauf, hatte schon beim Anziehen vor dem Spiegel drei, vier Garderoben verworfen, bis sie dann etwas anzog, mit dem sie sich für ihre Entscheidungsunfähigkeit strafte, hatte schon vorher ein paar Muntermacher getrunken, dann auf der Party zu rasch zu viele. Im Verein mit Tabletten stand sie unter Strom, als ein Gesellschaftsjournalist sie mit Fragen nach ihrem Privatleben zu löchern begann. Woher der Typ von ihrer Beziehung zu dem Werbemann wusste, war ihr unklar, *dass* er es wusste, machte sie wütend, und dann lief alles nur mehr in Filmschnitten ab. Von weit her kam die Frage, ob sie denn die Ursache für den Rosenkrieg im Hause des Werbemannes sei. Dann nahmen ihr irgendwelche Menschen den Stiel des Sektglases aus der Hand, das sie an der Stirn des Journalisten zerdrückt hatte. Danach stieg sie in das Auto eines Schauspielers, der erklärte, er würde sie nach Hause bringen.

Das Model erwachte im Bett einer Klinik. Man hatte sie für einige Zeit ruhig gestellt. Ihre bruchstückartigen Erinnerungsbilder fügten sich erst zum Ablauf, als der Werbemann sie mit einem kleinen Lavendelsträusschen besuchte. Denn es war Mai. Sie hatte, erfuhr sie, in der Wohnung des Schauspielers, wohl auf dessen Vorschlag hin, ins Bett zu gehen, randaliert, hatte Vasen in einen alten Spiegel geschmissen und war dann aufgrund eines Kreislaufkollapses zusammengebrochen. Der Schauspieler hatte keine Wahl, er musste den Notarzt kommen lassen. Man habe die Sache aus den Gesellschaftsspalten heraushalten können, mit einiger Mühe, doch in der Szene sei die Geschichte natürlich mittlerweile durch, da der Schauspieler, als Inbegriff des soliden Ehemannes geltend, drei auswärtige Drehtage seiner Frau ausnützen wollte, und zwar schon deren ersten.

Das Model begann leise zu weinen. Sie fühlte sich als Figur in einem Spiel. Sie wollte die Figur nicht sein, sie wollte dieses Scheiß-Spiel nicht.

Der Werbemann ging im Raum auf und ab.

„Ich habe mit dem Arzt gesprochen. Er sagt, ohne schon Details zu wissen, dass deine Konstitution eine Katastrophe ist. Das weißt du aber selbst. Ich weiß es auch. Du brauchst Erholung. Du brauchst auch Abstand. Beides dringend. Du brauchst Tapetenwechsel."

Ihr fiel das Wort *Birke* ein. Gab es da einmal ein Lied?

„Ich kann mich in nächster Zeit nicht um dich kümmern, es gibt ein paar Probleme, mit denen ich dich aber nicht belasten will. Pass auf, ich hab eine Idee und ich hab eigentlich schon alles veranlasst. Dein Einverständnis setze ich voraus. Ein Freund von früher hat eine Privatklinik in Linden am See, so zwischen Klinik und Wellness, aber mit kompletter und angeblich fabelhafter medizinischer Betreuung, also ein bisschen Rehab, ein bisschen Beautyfarm", er lachte, „nicht ganz billig, aber sicher ideal für eingebildete und echte Leiden, wie auch immer. Erstklassiges Publikum, und vor allem, sehr wichtig, das Ganze liegt direkt am See, mit einem Garten, der fast schon ein Park ist. Ich hab dich da angemeldet, du bleibst, solange es dir Spaß macht und bis der Arzt – also mein Freund – sagt, du bist wieder herunten, du weißt schon wovon, du bist wieder rund. Der Frühling ist in diesem Jahr weit, ich kann mir vorstellen, dass man im See schon schwimmen kann, jedenfalls bald. Ich glaube, das ist jetzt das Gescheiteste und das Beste. Was sagst du?"

Sie hatte schon eingewilligt, als sie das *am See* hörte. Da waren Bilder entstanden, Hochglanzfotos, blaues Wasser, kräuselnde Wellen, wendende Segelboote, schöne, leicht gebräunte Körper, weit und breit kein Fotograf, kein Termin, kein Lover. Badeanzüge würde sie sich kaufen müssen. Aber das könnte sie in diesem Linden am See ja auch, das ist schließlich ein Ort mit Renommee, auszuschließen, dass es dort nicht ordentliche Boutiquen gibt.

Das Flugzeug der kleinen regionalen Linie landete in der dem See am nächsten liegenden Stadt. Das Model stieg aus, ihr schmales Gesicht hinter den mächtigen Sonnenbrillen dieser Saison verborgen. Sie hatte nicht viel Gepäck vom Förderband zu nehmen, ihre vorauseilende Fantasie hatte sie für ein einfaches Leben zwischen Jeans und zwei, drei schicken Fetzen gestylt. Vor dem Flughafengebäude wartete verabredungsgemäß ein Mann, der sie unter der Hand voll Passagieren sofort erkannte und ansprach. Es war der Hausdiener und gleichzeitig Chauffeur der Klinik. Er fragte sie, ob sie vorne oder hinten sitzen wolle. Sie entschied sich für vorne. Sie fühlte sich jung, sie fühlte sich wie jemand, auf den etwas zukommt, und da möchte man nicht in einem Rücksitz versinken, da möchte man den Vordersitz fast senkrecht stellen und sich vorbeugen.

Die Straße nach Linden am See führte etwa eine halbe Stunde am südlichen, von der Vormittagssonne beschienenen Ufer entlang. Alles schien hier neu zu sein. Das Wasser, die Blätter, der Himmel. All die kleinen Orte, durch die man fuhr, schienen zu gebären. Die kommende Saison. Den Badesommer. Da und dort wurden Fassaden gestrichen, lebende Zäune beschnitten, Gartenmöbel aufgestellt. In der Seemitte standen Fischerboote, obwohl die Fischer die Riemen eintauchten.

„Ich hätte natürlich auch oben die Schnellstrasse fahren können", sagte der Fahrer im regionalen Dialekt, „aber der Doktor hat gesagt, ich soll die Uferstraße fahren, weil da haben Sie doch einen ganz anderen Eindruck, da sehen Sie was, und zur Zeit ist ja noch nicht viel Verkehr."

Sie wollte kein Gespräch führen, sie wollte schauen. Es kam ihr zwar alles vertraut vor, aber sie hatte das Gefühl, nur von Fotos oder Filmen, sie meinte, diese Stimmungen zum ersten Mal in natura zu erleben. Sie nahm sogar die Brille ab. Der Chauffeur fühlte sich verpflichtet, Konversation zu machen.

„Die Fremden glauben immer, wir Einheimischen wissen nicht mehr, wie schön es bei uns ist, weil wir es ja so gewohnt sind. Aber ich sag Ihnen, wir wissen es ganz genau. Und jetzt kommt die allerschönste Zeit."

Nachdem er diese Behauptung ausführlich begründet hatte, kam er auf den Geschäftsgang im Fremdenverkehr, auf die Prognosen zu sprechen.

„Wissen Sie, ob eine Saison gut war oder nicht, entscheidet die Nachsaison. Wenn der Herbstregen zu früh kommt, dann reisen alle ab, dann läuft geschäftlich nichts mehr. Jeder schöne Spätsommertag mehr ist ein Segen für die Region."

Er merkte nicht, dass sie überhaupt nicht zuhörte.

„Wir teilen das Jahr in drei Drittel ein: Vorsaison, Hauptsaison, Nachsaison. Das letzte Drittel entscheidet. Der Winter zählt nicht. Der ist tot. Natürlich nicht –", er sah sie von der Seite an, „ – für den Doktor. Der Doktor hat immer zu tun."

Sie horchte auf. Der Mann, in dessen – ja was denn eigentlich? – Klinik?, Hotel?, Sanatorium? sie fuhr, war also für seinen Chauffeur „der Doktor". Das klang gut.

Der „Herr Doktor" hätte ihr möglicherweise etwas Angst gemacht, sie war ja nicht krank, sie wollte es keinesfalls sein, aber einen, der „der Doktor" hieß, konnte sie sicher brauchen. Gerne.

Von der Einfahrt durch das Gartentor an erwartete sie das Paradies. Da war nichts mehr von den optischen Überangeboten des fashionablen und gänzlich verbauten prominenten Badeortes zu sehen, durch den sie angekommen waren. Da war eine riesige Gründerzeitvilla in jenem satten Gelb, das so wunderbar mit dem Grün des Rasens und dem der Baumkronen harmoniert, da waren die hellen Kieswege, und da schimmerte in unwirklicher Bläue das Seewasser aus der Tiefe der Anlage.

Der Chauffeur geleitete sie ins Haus. Eine jüngere Frau am Empfang hatte den Zimmerschlüssel und eine Mappe mit allen Angeboten des Hauses schon bereitgelegt, wünschte einen schönen Aufenthalt und nannte vor allem die Uhrzeit, zu der der „Herr Doktor" – für sie war es natürlich der *Herr* Doktor, was das Model verstand – den neuen Kurgast erwartete.

Der Chauffeur brachte sie und ihr Gepäck in ein Zimmer im ersten Stock. Das war, wie Halle, wie Gänge, gediegen elegant, unaufdringlich perfekt. Sofort riss sie die Balkontür auf und sog den Seeblick in sich ein. So würde sie sich jetzt jeden Tag fühlen, jeden Tag nach dem Erwachen, ohne fiebrigen Griff nach einer Tablette. Beinahe hätte sie überhört, wie der Chauffeur verschwand. Sie eilte zur Tür, rief ihn zurück, fingerte nervös in ihrer Brieftasche, fand nur einen viel zu großen Schein, händigte ihn aus und wies des Mannes leicht verlegene Abwehr ab. Dann ging sie wieder auf *ihren* Balkon, schaute, inhalierte, begann leicht zu taumeln. War es Müdigkeit?, Schlaf?, das gewisse „Too much"-Gefühl? Sie schaffte es noch bis zum Bett, warf sich quer drüber und tauchte ab.

Als das Telefon läutete, hatte sie Mühe zu erfassen, wer was von ihr wollte. Aber dann begriff sie doch. Die freundliche Stimme einer Ordinationshilfe wollte wissen, ob sie den Termin für die Erstuntersuchung vergessen habe. Das Model entschuldigte sich mit einem kurzen Zwischendurch-Einschlafen, kündigte ihr sofortiges Erscheinen an, eilte ins Bad und machte sich mit kaltem Wasser und etwas Make-up routiniert frisch.

Der Doktor ordinierte im dritten Stock der Villa in einem lichtdurchfluteten Raum. Ein geschickter Architekt hatte die Front zum See hin großzügig verglast. Eine bauliche Veränderung, die nur von der Wasserseite aus wahrnehmbar war und da durch die Uferbäume gefiltert. Eine meisterliche Modernisierung, ohne den klassischen Villencharakter zu verletzen. Hier sah es also mehr nach Atelier aus als nach Ordination. Der Doktor allerdings trug den obligaten weißen Mantel. Er stand, als das Model von der freundlichen Ordinationshilfe hereingeleitet wurde, auf, gab ihr die Hand und bat sie, mit besonders angenehmer, dunkel timbrierter Stimme mit leisem Dialektanklang, Platz zu nehmen. Im Korbsessel, ihm gegenüber. Dann drückte er auf seinen Computer.

„Ich habe Ihre Werte schon. Unser gemeinsamer Freund" – er lächelte sie offen an – „hat sie mir übermitteln lassen."

Er las kurz am Bildschirm.

„Wir werden noch ein paar zusätzliche Sachen machen. Aber eines scheint festzustehen: Sie sind organisch gesund. Bleibt also, was man so zusammenfassend als Sucht bezeichnet."

Er schaute sie sehr konzentriert an.

„Wie geht es Ihnen damit? Zur Zeit. Im Moment."

„Eigentlich sehr gut. Das heißt, ich denke nicht dran. Ich verdränge es. Vielleicht aus Angst."

Der Doktor ließ sie reden.

„Ich habe keine Bedürfnisse, weil, mir ist das alles so neu, das Haus, der See, Sie, die Vorstellung, eine Zeit hier zu bleiben – "

Sie suchte nach weiteren Worten. Er unterbrach diese Suche. Aufstehend und vor seinem Panoramafenster auf und ab gehend dozierte er, ganz und gar ohne Gott-in-Weiß-Allüre, einfach von Fachmann zu Interessentin. Und während er dozierte, nahm sie einen gut aussehenden, austrainierten Mann Mitte der vierzig wahr, mit noch vollem, braunem, aber sehr dünnem Haar. Sogleich dachte sie an ein Gel zur Volumenbildung.

„Ich behaupte – und habe dafür einige Beweise – Sucht ist nicht heilbar. Sucht ist eine genetische Größe, die ist in einem drin, da kann man machen, was man will. Sucht kann man nur parallel verschieben, vernünftig und positiv sublimieren –"

„Das heißt?", kam sehr locker die Zwischenfrage. Er erklärte geradezu vergnügt:

„Das heißt: Wenn Sie schon süchtig sind, dann seien Sie es doch nach Sonne, nach Ruhe, nach Wasser, nach Musik, nach Tanz, nach was weiß ich was. Verstehen Sie mich? Sie werden, wenn Sie sich in diesen See verlieben, fünfmal soviel schwimmen wie andere. Sie können gar nicht anders. Sie werden es nicht ertragen, an irgendeiner Stelle Ihres Körpers nicht braun zu werden, außer an dem kleinen nach unseren Normen unvermeidlichen Dreieck. Sie werden sich bei uns extrem erholen. Sicher nicht normal. Aber das ist doch besser, als sich extrem zu ruinieren."

Alles war plausibel. Der Doktor strahlte auf das Model Vertrauen aus. Beruhigung. Menschliche Wärme. Das werde ich dann gleich meinem Kursponsor durchtelefonieren, dachte sie, während sie sich zur obligaten Erstuntersuchung freimachte. Dann wurde ihr noch Blut abgenommen, und als sie wieder angezogen war, gab ihr der Doktor ein Päckchen mit Tabletten.

„Was ist das?"

„Tabletten. Falls Sie das Gefühl haben, jetzt brauche ich unbedingt eine."

„Und welche Art Tabletten?"

Er grinste wie ein Schuljunge, der nicht zugeben will, es handle sich um saure Drops.

„Bleifreie."

Der Doktor geleitete sie zur Tür und kündigte an, sie in regelmäßigen Abständen zu sich zu bitten. Den einen oder anderen Wert würde er gerne als Kurve weiter beobachten.

„Ja, eines noch. Ein, zwei Glas Rotwein gerne. Aber keine harten Sachen. Versprochen?"

„Versprochen."

Sie stand auf ihrem Balkon. Es ging gegen Mittag. Die Sonne deutete an, wozu sie in diesem Sommer noch in der Lage sein würde. Auf dem Wasser kurvten ferne ein paar Elektroboote. Das Model meinte, ihr Werbemann habe ihr den Doktor ganz falsch beschrieben. Der war doch kein verkniffener Professor, kein dämonischer Heil-Guru mit der strengen, unfehlbaren Sucht-Therapie, er war doch gar nicht alt und grauhaarig und er hatte auch keine kratzende Stimme und schon gar keine stechenden Augen.

Bin ich verrückt? Das waren doch alles nur meine Vorstellungen. Über diesen Doktor hat doch nie jemand etwas zu mir gesagt. Das habe ich mir für mich zurechtgelegt.

Sie sah in den Park hinunter, prägte sich die Wege ein. Ab morgen oder übermorgen würde sie ihre Tage haben. Normalerweise schaute sie da immer in ihren vollen Terminkalender und wurde wütend. Sie wusste nicht warum und auf was. Aber wütend wurde sie. Jetzt empfand sie etwas ganz anderes. Geradezu Vorfreude. Auf dieser Bank dort würde sie sitzen. Und lesen. Und die Welt könnte sie kreuzweise.

Nein, ich kann diese Zeit hier gar nicht gescheiter beginnen als mit meinen Tagen. Um dann so richtig après zu sein. Was hat der Doktor gesagt? Unter anderem? „Sucht nach Ruhe." Genau. Das habe ich jetzt. Ich bin ruhesüchtig. Sie war froh.

Das Model sah auf die Uhr. Bis zum Mittagessen war noch eine dreiviertel Stunde Zeit. Sie hatte keineswegs die Absicht viel zu essen, war auch überhaupt nicht hungrig, sie war nur neugierig auf den Speisesaal und das übrige Publikum. Sie rückte den Liegestuhl auf ihrem Balkon zurecht, legte sich der Sonne gegenüber. Während sie ihre Bluse so weit wie möglich aufknöpfte, wurde ihr bewusst, zwei Etagen über ihr war die Glasfassade und dahinter der Doktor. Der Gedanke gefiel ihr, obwohl sie sich nicht sicher war, ob der Sichtwinkel dem Doktor ihren Anblick zum Beispiel jetzt ermöglichte. Aber diese Ungewissheit machte Spaß. Sie blinzelt in die Sonne. Ich sollte mir die Nase cremen, dachte sie. Sie erwachte um zwei Uhr.

Ich bin ruhesüchtig. Gott sei Dank. Und wenn ich jetzt nicht sofort was auf die Nase schmiere, hängt die Haut morgen in Fetzen herunter.

Sie ging den Park der Villa ab, sich dessen Leere mit allgemeinem Mittagsschlaf erklärend. Dann bekam sie Lust auf Erkundung der Umgebung. Die zweite Querstraße nach hinten, das hatte sie von der Ankunft in Erinnerung, war die verkehrsberuhigte Hauptstraße, der Boulevard. Dort wollte sie hin und ein bisschen schauen. Die Sache mit den Badeanzügen war ja auch dringend zu lösen.

Der Boulevard war so, wie man ihn sich im fashionablen Badeort vorstellt. Geschäfte für das Tägliche, den Sport, Läden für Luxus, meist Filialen, Cafés, Snack-Lokale und all dieses. Manches war noch nicht offen und bei vielem, das schon offen war, musste man sich fragen: für wen?

Das erste, was das Model beeindruckte, war ein Geruch. Er kam aus einer Bäckerei, vor der allerdings am Straßenrand drei beschirmte Tischchen zum Verweilen einluden. Der Geruch war unwiderstehlich. Sie wusste nicht mehr, wie die Süßspeise heißt, die so roch. Sie sagte nur zur Serviererin, sie möchte das haben, was da so gut riecht, und bekam einen Milchrahmstrudel zum Kaffee. Das erfüllte sie mit Wohlbehagen.

Später schlenderte sie und kam bald zu einer – nein, das war übertrieben, das musste nicht sein, das war eins zuviel – Boutique, in deren Auslage sie als Plakat prangte. Mit einem französischen Sommerfetzen. Sie mit geschürzten Lippen und gehobenen Brüsten vor tiefblauem Hintergrund. Sie erinnerte sich an den Ateliertag. Der war scheußlich. Aber jetzt das Bild. Und in der Auslage. Keine schlechte Boutique.

Sie betrat den Laden. Die Boutique war wirklich hervorragend sortiert. Wenngleich sich die Besitzerin, eine stämmige Frau mittleren Alters, beeilte zu versichern, die meisten Sachen kämen demnächst, die Saison sei ja erst im Beginnen. Das Model fingerte an den Textilien herum. Sie provozierte durch ihr Wissen um die Marken die Rückfrage, ob sie denn aus der Branche sei. Sie habe damit zu tun, gab sie zu und war sehr zufrieden, dass die Boutiquenbesitzerin keine Ahnung davon hatte, ihre Kundin als Blickfang in der Auslage hängen zu haben. Mit drei Bikinis, einem Strandkleid und einer ganz leichten Garnierung von Nacktheit für Sommerpartys verließ sie die Boutique. Sie zahlte mit der Credit-Card, die ihr der Werbemann mitgegeben hatte. Der wusste, sie würde das damit verbundene Vertrauen nie missbrauchen. Die Boutiquenbesitzerin wollte noch wissen, wie lange die Kundin diesen frühen

Urlaub auszudehnen gedenke. Die sagte, das sei noch nicht festzulegen, das hänge von persönlichen Entwicklungen ab. Aber wie auch immer, man habe sich sicher nicht zum letzten Mal gesehen. Das ließ die Boutiquenbesitzerin mit der Kundin heiter vor den Laden treten. Als das Model mit seinem Päckchen in Richtung Doktorvilla zurückging, sah die Boutiquenbesitzerin in ihre Auslage und war kurz nachdenklich. Das nächste Mal würde sie fragen.

Zu Hause ging das Model ins Bad, zog sich aus und probierte noch einmal in aller Ruhe die Bikinis, soll heißen, sie kontrollierte ihr Aussehen darin. Und sie konnte nicht umhin sich schön zu finden, zumal hier, in diesem Biotop, wo mit Konkurrenz nicht zu rechnen war. Sie konnte die letzte nötige Erwärmung des Sees nicht mehr erwarten.

Ich bin schon schwimmsüchtig, fiel ihr ein.

Die Sonne traf ihr Gesicht. Sie stand auf und ging auf den Balkon hinaus. Ja, es war das Paradies. Wie Sonne und Wasser miteinander spielten, man hätte sich einmengen wollen. Sie duschte die Träume der Nacht weg. Die waren grauenhaft gewesen. Alles, was es an Bildern aus der letzten Phase vor ihrem Zusammenbruch gab, war in aberwitzigen Montagen da gewesen. Wehrlos war sie im Schlaf mit den peinlichsten und beschämendsten Situationen konfrontiert.

Meine Seele hat sich, ja, man kann es nicht anders sagen, ausgeschissen. Richtig ausgeschissen.

Was sie noch nicht wissen konnte: Mit der einen schlimmen Traumnacht war es natürlich noch nicht getan. Da sollten noch einige folgen.

Sie erinnerte sich an ein vorzügliches, leichtes Abendessen in dem überraschend kleinen Speisesaal, an das Grüßen und auch Sichbekanntmachen mit anderen Gästen. Das Wort Patient bot sich bei diesen älteren, bürgerlichen Paaren wirklich nicht an. Kurpublikum war wohl das Stimmigste. Des Models Verwunderung über die geringe Anzahl an Mitbewohnern wurde von der Rezeptionistin aufgeklärt. Das Haus habe nur zwölf Zimmer. Viele Patienten des Herrn Doktor würden in anderen Häusern wohnen. Viele kämen aber auch aus der Region. Der Doktor selbst war auch einmal durchgegangen, hatte sie nach dem Einleben gefragt und angekündigt, sie rufen zu lassen, wenn die Laborergebnisse fertig wären. Er versprach für den nächsten Tag eine Wassertemperatur von 19 Grad und forderte die Mutigen und Junggebliebenen auf, mit dem Baden zu beginnen.

Jetzt saß sie beim Frühstück und genoss es, keine Ahnung zu haben, was sie nachher tun sollte. Sie würde sich in jedem Fall einmal ein paar Massage- und ein paar Kosmetiktermine sichern. Sowohl Masseur als auch Kosmetikerin kämen – laut Rezeptionistin – ins Haus und hätten hier perfekt eingerichtete Studios.

Ein junger Mann erschien zum Frühstück. Der hatte gestern beim Abendessen gefehlt. Er setzte sich und lächelte das Model scheu an. Ein besonders eleganter Bursche, fand sie, ein wenig klein, ein wenig zu zartgliedrig, aber perfekt gestylt. Zweimal lächelte er sie an. Sie lächelte zurück. Der Blick war ein Hinweis. Bei mir am Tisch ist noch reichlich Platz. Er kam, seine Kaffeetasse tragend.

„Sie entschuldigen, das ist sonst nicht meine Art. Aber ich kenne Sie." Er lachte. „Viel besser, als Sie glauben."

„Kann ich mir nicht vorstellen."

„Doch. Ich habe Sie oft gesehen. Auch bewundert. Vielleicht war ich auch einmal verliebt. Aber das muss lange her sein."

„Bitte, woher wollen Sie mich kennen?" Es interessierte sie wirklich.

„Von unseren Prospekten."

Er stellte sich vor. Er war der Sohn einer Fabrik exklusiver Dessous. Sofort fühlte sie sich ihm verbunden. Kollegial.

„Aber Sie sind nie aufgetaucht. Bei Fototerminen oder so."

„Nein, nein. Ich habe mich im Hintergrund gehalten. Alleinerbe. Das ist so was Peinliches."

Wie alt mochte er sein? Anfang, Mitte zwanzig. Für sein Alter sehr melancholisch, fand das Model. Sie konnte ihre Neugier nicht beherrschen.

„Wieso sind Sie hier?"

Die Antwort kam leise, bitter und verbat sich im Augenblick jede Nachfrage.

„Ich bin Dauerpatient."

Er fragte – wieder sehr schüchtern – ob sie denn schon Programm habe. Als sie das verneinte, schlug er eine Fahrt mit dem Elektroboot vor. Man könne die Schönheit dieses Sees und besonders dieser Bucht hier erst vom Wasser aus so richtig beurteilen.

Der Bootsverleih lag nur etwa 200 Meter rechts vom Anwesen des Doktors. Sie tuckerten hinaus.

Der junge Patient hatte Recht. Das Ufer gliederte sich hier in eine Reihe von schönen Ansitzen, auf Buchten und Landzungen aufgeteilt, von prächtigem altem Baumbestand getrennt und zum Wasser hin nur halb sichtbar. Was für das Model aber völlig neu war: Da gab es in der ersten Zeile weit links und rechts vom Paradies auch riesige Hotels, Restaurants, Terrassen, Bäder. Das war aufgrund der Lage der Doktorvilla von dort aus nicht sichtbar gewesen.

Aber ich dumme Kuh hätte es mir doch denken können.

Sie schwenkte die gesamte Uferzeile ab.

Da war ja, wenn man wollte, jede Menge Highlife. Ja, wie denn nicht?! Was denn hatte man allsommerlich über diesen Ort gelesen?

Das gefiel ihr. In einer Oase inmitten einer anderen Welt zu sein. Das machte ihren heiligen Entschluss, sich so *total* zu erholen, noch aparter.

Sie cremte sich die Nasenspitze und setzte die Sonnenbrille auf.

„Es ist ein Traum."

Der junge Patient hatte eine kindliche Freude das E-Boot zu steuern, ihr den Guide zu machen. Er erklärte ihr ein paar Hotels, die Besitzverhältnisse, die gastronomischen Konzeptionen und dergleichen. Er kannte sich hier ausgezeichnet aus.

Nachdem er – irgendwann kam das Gespräch zwangsläufig auf den Doktor – den Doktor als Arzt über den grünen Klee gelobt hatte, wollte sie mehr über den wissen. Der junge Patient wusste alles, vor allem das, was sie interessierte.

„Ja, er war verheiratet", antwortete er auf die einschlägige Frage, „mit einer sehr schönen Frau, sagt man. Einer Deutschen. Aber die ist ihm durchgegangen. Über Nacht. Mit einem brasilianischen Bandsänger." Er kicherte. Die menschliche Komödie schien ihm grundsätzlich Spaß zu machen.

„Und? Wie hat er das verkraftet?"

„Soviel ich weiß, nach außen hin reglos. Nur, es gibt eine Tochter. Die ist in England im Internat. Und heuer ist der erste Sommer, in dem sie nicht zu ihrem Vater kommt, sondern zu ihrer Mutter an die Côte d'Azur fährt. Darunter soll er sehr leiden."

„Wieso an die Côte d'Azur?"
Er lachte wieder.
„Der Brasilianer ist dort engagiert."
Nach einer Pause sagte das Model: „Wie kann man von hier weggehen? Unbegreiflich."
„Wieso nicht? Wenn es einem zu fad wird!"

Mit dem jungen Patienten hatte das Model ihren Traum-Gesellschafter gefunden. Ein höflicher, intelligenter, galanter Junge, von dem man keine Initiativen erwarten konnte und keine eigenen in Erwägung zog. Ihre Erholung wurde immer kompletter.

Der Doktor ließ sie kommen, zeigte ihr den Vergleich einiger Werte und erklärte die positive Tendenz, interpretierte ein Belastungs-EKG und freute sich über ihre Versicherung, kein Suchtverhalten zu verspüren und an mehr als ein abendliches Glas Wein gar nicht zu denken.

„Wissen Sie, was ich im Augenblick bin? Schönheitssüchtig."

„Wunderbar."

Der Masseur war Japaner, konnte kaum ein Wort Deutsch, das über das Ausmachen von Terminen und Bedanken fürs Geld hinausging, aber er massierte – fand sie – traumhaft. Er zog ihr am Rücken das Gewebe so auseinander, dass sie meinte, plötzlich doppelt so viel Platz für eingeatmete Luft zu haben, und von dieser Luft hier konnte sie gar nicht genug bekommen.

Schließlich und endlich machte ihr auch die Kosmetikerin nur Freude. Erstens erkannte die das Model sofort. Gleich nach dem Kennenlernen ging sie zu einem Visagisten-Katalog, schlug eine Seite auf und sagte: Das sind doch Sie. Zweitens war die blutjunge Person keine, die auf Teufel komm raus sinnlose Packungen verkaufen und Make-ups malen wollte, die beim ersten Sonnenbaden wieder zerstört waren. Nein, sie wollte nur das nach übereinstimmender Ansicht schöner Frauen Nötige machen, das aber oft und mit Laune. Vergnügt beantwortete auch sie die Fragen nach den privaten Lebensumständen des Doktors. Er sei mit einer Apothekerin – allerdings aus dem Nachbarort – zusammen. Da soll es aber gehörig kriseln, da sich die Frau nicht mehr mit der Anonymität abfinden will.

„Das kann man doch verstehen. Oder?"

Die Kosmetikerin hatte eine direkte Sicht der Dinge.

„Sie müssen ja Männer zum Schweinefüttern haben. Ganz ehrlich, mir kommen so viele Frauen unter die Hände, auch gut Aussehende, selten, aber doch. Aber, ich schwöre, so etwas Perfektes wie Sie habe ich noch nie gehabt. Passen Sie bitte auf beim Sonnen, Lederhaut brauchen wir keine."

Das Model konnte es nicht besser getroffen haben.

Der See hatte zwischen 20 und 21 Grad. Sie begann zu schwimmen. Erst zögerlich. Dann wie eine Verrückte. Sie schwamm schon des Morgens, wenn es noch völlig still war, weit hinaus und sah auf das Paradies. Sie schlug auf das Wasser ein vor Glückshysterie. Dann saß sie mit noch nassem Haar mit dem jungen Patienten beim Frühstück. Der bewunderte sie immer für ihre Aktivität und erklärte, es gegen Mittag auch versuchen zu wollen.

Einmal lagen das Model und der junge Patient an der Spitze des Stegs, der sich da etwas verbreiterte und über eine Stiege ins Wasser führte. Sie teilten die Sonnencreme. Sie sah ihm zu, wie er sich einschmierte. Da wollte sie es wissen.

„Sie sind solo? Keine Freundin?"

Er dachte lange nach. Dann begann er, sichtlich von vorn.

„Wissen Sie, wenn man eine Jugend zwischen Körbchen, Slips und Korsagen verbracht hat … Ich habe sehr viele Brüste gesehen, leider geschminkt, mit künstlichen Schatten, nachgezeichneten Konturen …"

Er sah sie sehr ernst an.

„Keine weiß besser als Sie, wovon ich rede."

Er lachte.

„Vielleicht habe ich Sie einmal als Onaniervorlage verwenden wollen."

„Und weiter?"

„Eines Tages habe ich mich in einen Mann verliebt."

„Und?"

„Das war keine gute Idee."

Ihr Frageblick. Sein Bestätigungsblick. Es war kein Wort mehr zu verlieren.

Je besser, je vitaler, je *runder* sich das Model fühlte, je mehr sie in der Villa des Doktors zu Hause war, desto mehr veränderte sich die Welt rundum. Es waren einfach immer mehr und mehr Menschen auf dem Wasser und auf den Straßen. In den späten Abendstunden wehten die Winde mancherlei Sounds durch die sperrangelweit offene Balkontür ans Bett. Einen meinte sie aus der Nobelbar der Hauptstadt zu kennen. Das war doch das Repertoire eines italienischen Entertainers, der mit dem Handmikro von Tisch zu Tisch ging und der alles, aber auch schon alles singen konnte, was man von ihm wollte. Und zwar perfekt. Wenn es einmal regnete, konnte es sein, dass in den schönsten der gedeckten Straßencafés kein Platz mehr zu kriegen war. Als sie eines Nachmittags, vom Einkauf kleiner Kosmetika zurückkommend, vom Regen überrascht wurde und nicht gleich einen Platz unter dem Dach fand, hörte sie laut ihren Namen rufen. Zwei Kolleginnen saßen im Café, winkten sie zu sich, freuten sich über das Wiedersehen und begannen gleich von ihrem reichen Ägypter zu erzählen, der sie zu zweit gebucht habe und den sie jetzt ausnähmen wie eine Weihnachtsgans. Mit wem das Model da sei, wollten die tratschfreudigen Kolleginnen wissen. Mit niemandem, sagte sie und formulierte, sie müsse sich nach Überarbeitung und Kreislaufproblemen einfach von Grund auf erholen. Und diese Erholung sei im optimalen Werden. Ja, sie sehe hinreißend aus, wurde ihr bestätigt, so gut wie noch nie.

Das Model merkte sich ihre Version der Gründe ihres Badeurlaubs. Sie brauchte sie immer häufiger. Sehr bald kam die Auskunft ganz flüssig. Als gelernter Text.

Die Kolleginnen forderten sie auf, doch am Abend in die Freiluftbar des „Esplanade" zu kommen. Dort sei es total hip. Zum ersten Mal zog sie das in der Boutique gekaufte Superding an. Zum ersten Mal ging sie aus.

Sie wusste nur: die Straße runter und dann nach rechts zum Strand. Dieses Gefühl, nicht abgeholt zu werden, nicht wohin zu müssen, einfach zu wollen, jederzeit umdrehen oder die Richtung ändern oder sich ansprechen lassen zu können, einen bronzegetönten, durch das Schwimmen in allen Bereichen aktivierten Körper zu haben, das machte sie – lange suchte sie im Selbstgespräch nach einem Wort, und dann war es doch das nächstliegende: *high*.

Im „Esplanade" starrten die vollzählig versammelten, aber noch unterbeschäftigten Playboys nicht schlecht, als sie eintrat. Der spendable Ägypter wäre sichtlich gewillt gewesen, Urlaub von seinen beiden Grazien zu nehmen. Blickkontakte zwischen den Frauen genügten, um etwaige Besorgnisse bei den Kolleginnen auszuräumen. Das Model ging sehr früh. Auch weil ihr die Musik missfiel. Der Sound war zu synthetisch. Der passte einem ihr neuen Gefühl nach nicht zum See. Im Weggehen fragte sie den Bartender, wo denn der Italiener singe, dessen Stimme man spätabends über das Wasser hören könne.

Der wusste sofort, um wen es ging, und nannte das „Grand- Hotel".

Zu dem italienischen Sänger wollte sie unbedingt, sie war neugierig, ob der Mann sie gleich wiedererkennen würde. Eigentlich war sie sich sicher. Denn nicht selten hatte sie zur letzten Gruppe gezählt, die von der Kratzstimme aus der Bar in die Eisnacht hinausgesungen wurde. Aber allein wollte sie dorthin nicht gehen, das würde blöd aussehen. Zu gerne hätte sie den jungen Patienten an der Seite gehabt, aber der war für eine Woche nach Florenz abgedampft.

„Ich treffe ein paar Freunde", hatte er in seiner unwiderstehlichen Art selbstironischer Heiterkeit fallen lassen.

Sie wusste erst, dass sie es gesagt hatte, als sie es gesagt hatte.

„Hätten Sie nicht Lust, mit mir einmal tanzen zu gehen?"

Es war beim wöchentlichen Arzttermin, der nichts Medizinisches mehr enthielt, der sich zum Privatgespräch über Fremdenverkehr, Gäste, Patienten, deren eingebildete und echte Leiden, Ernährung und des Models Milieu entwickelt hatte.

War er – für diese Jahreszeit immer noch eher blass – leicht rot geworden? Hatte sie ihm eine von ihm längst erwogene Frage aus dem Mund genommen?

„Nichts, was ich lieber täte."

Er habe am Abend noch zwei Termine, verschämt erzählte er, als prominenter Gemeindebürger ja auch in verschiedenen Gremien sein zu müssen, danach würde er sie gerne abholen. Für das „Grand-Hotel" sei das Auto nötig.

Am späten Nachmittag schwamm sie noch einmal ganz weit in den See hinaus. Sie war stolz darauf, etwas verschenken zu können, ohne das vorzuhaben.

Der italienische Entertainer begrüßte das Model mit Wangenküssen wie eine alte Freundin, war sehr geehrt über den Besuch des *Dottore,* wies persönlich den Tisch mit dem schönsten Seeblick an. Diese Bar war ein wenig old-fashioned, wie auch der Sound der italienischen Truppe, die ihr Repertoire zwar immer auf dem vorletzten Stand hatte, aber von Bar-Klassik lebte. Der Entertainer erinnerte das Model daran, sie habe einmal für „Tu sei per me la piú bella del mondo" geschwärmt. Sie hatte zwar keine Ahnung mehr, widersprach aber nicht und ließ sich von der versoffenen, hochmusikalisch geführten Stimme anschmachten.

Der Doktor und sie tranken eine Flasche Barbaresco und plauderten. Es gab nie eine Gesprächslücke, denn der Doktor stellte pausenlos Fragen. Er wollte wissen, wie das so ist im Model-Beruf, wer da managt, bucht, wie das abgerechnet wird, wie das mit der Tagesform ist, ob sich die auf die Bilder auswirkt undundund. Sie hätte nie gedacht, für den Doktor, den angesehenen Heilkünstler, so interessant zu sein, mit ihrem von ihr selbst als absolut lächerlich angesehenen Job. Aber es schmeichelte ihr, für diesen Mann nicht nur eine verschieb- und beleuchtbare Puppe zu sein. Er interessierte sich in einem ihr nicht bekannten Maß, zudem trank er recht flott, die Initiative zu einer zweiten Flasche ging von ihm aus. Er war auch erfreulich anzusehen. Er trug einen knittrigen italienischen Sommeranzug, man hätte darin wie ein Playboy aussehen können, der Doktor sah aber aus wie immer, wie ein Arzt.

Was das Model amüsierte, war, dass der Doktor zum Unterschied von ihr offenbar tanzen in einer Schule gelernt hatte, seine Art zu führen ließ auf das Absolvieren eines Tanzkurses schließen. Sie fragte ihn. Er lachte und sagte, das sei für einen Obergymnasiasten aus besserem

Haus in der Provinz nach wie vor obligat. Sie schmiegte sich ein wenig an.

Das Model konnte nicht verhindern, dass sich der Gesellschaftsreporter an ihren Tisch setzte. Erstens tat der sehr vertraulich, die Geschichte mit dem im Gesicht zerdrückten Sektglas hatte es offenbar nie gegeben, zweitens schmierte er sich gnadenlos an den Doktor an. Ob der denn wisse, welches Juwel er da betreue? Das Model konnte nicht abwenden, sie hätte auch nicht gewusst wie, dass der Gesellschaftsreporter dem Doktor einen Fototermin für den kommenden Tag abschwatzte. Mit ihr natürlich. Der Hinweis, das sei für die Privatklinik eine riesige PR, machte es dem Model unmöglich zu sagen: Nicht mit mir! Sie sah ja, wie sich der Doktor über diese Chance auf Öffentlichkeit freute. Dann erzählte der Gesellschaftsreporter noch ausführlich und eitel, dass dieser Ort seit Jahren sein sommerliches Tätigkeitsfeld sei und dass in dieser Saison gesellschaftlich viel passieren würde, er rechne es sich hoch an, diesen und jene hierher zu bringen. Es sei ihm ein persönliches Anliegen gewesen, diesen Badeort zur Sommerfiliale der besten hauptstädtischen Szene zu machen. Nur diese Frau, sagte er mit Hinweis auf das Model, habe zum letzten Glanz noch gefehlt.

Der Doktor ließ sie vor der Villa aussteigen, wollte sich mit einer Art Handkuss verabschieden und sagte, er wäre sehr froh, wenn man eine Unternehmung dieser Art bald einmal wiederholen könnte. Sie küsste ihn leicht auf beide Wangen. Das musste Bejahung genug sein.

Wo schläft er eigentlich?, dachte sie. Hat er im Haus eine Wohnung? Sie hatte das noch nie geklärt.

Die Nacht war, wie schon fast alle, traumlos.

Am nächsten Tag gab es den Interviewtermin zwischen Doktor und Gesellschaftsreporter. Dann wurden ein paar

Fotos geschossen. Den Fotografen kannte das Model natürlich. Das war ein schneller, unkomplizierter Typ. Ein paar Schüsse mit dem See im Rücken, ein paar mit der Villa, ein paar vom Steg in ein Boot. Sie trug ein tolles Strandensemble, Bikinibilder verweigerte sie.

Zwei Tage darauf war im großen Boulevardblatt die Bildgeschichte „Das Model und sein Doktor" zu lesen und zu sehen. Zu des Models großer Freude war der Text frei von Anzüglichkeiten, ließ alles offen, verkaufte mehr den Arzt, über dessen Fähigkeiten der Journalist noch ein paar gute Meinungen eingeholt hatte.

Ihre Bikini-Verweigerung allerdings hatte nichts geholfen. Die Zeitung hatte im Archiv ein zwei Jahre altes Foto gefunden: das Model barbusig an ein Segel gelehnt.

„Muss ich eifersüchtig sein?", fragte der Werbemann am Handy. Das Model lachte, verneinte glaubhaft, erzählte von ihrem grenzenlosen Wohlergehen, bedankte sich und platzte fast vor Glück, als er auf die Frage, wie lange sie noch bleiben dürfe, sagte: Solange es dir gefällt.

Morgen würde er sie besuchen kommen.

Der Werbemann kam. Er war in einem verheerenden Zustand, jedenfalls kam es dem Model so vor. Nervös, fahrig, vermanagt. Oder war das nur ihr neuer Blick? Der andere Hintergrund? Die verschobene Kulisse? Er sprang in den See, mehr pflichtgemäß, fand ihn zu kalt, was ihr absurd vorkam, umarmte seinen Freund, den Doktor, wie ein Ertrinkender, lud den zum Abendessen ein, was der bedauernd ablehnen musste, machte für danach einen Nightcap-Termin aus, legte sich dann beim Abendessen in einem mäßigen italienischen Lokal mit der Bedienung an und betrank sich. Das Treffen mit dem Doktor fand nicht mehr statt. Der Werbemann wollte ins Bett.

Was er da veranstaltete, war panisch. Er zog sie an sich wie ein Verrückter und wollte sofort kommen. Normalerweise hätte sie das geärgert, böse gemacht, erinnerte sie sich. Aber sie wurde es überhaupt nicht.

„Komm und fühl dich gut“, sagte sie.

Als er schlief, sah sie, wie er schwitzte. Hatte er immer so geschwitzt? Sie fühlte etwas. Mitleid?

Sie ging noch einmal hinunter zum See und schwamm.

Nach dieser Geschichte im Boulevardblatt war das Leben anders geworden. Die Boutiquenbesitzerin erklärte, sofort so etwas geahnt zu haben. Sie organisierte gerade einen Wettbewerb „Miss Golf“ und engagierte das Model als Jurorin. Honorar: ein enormer Nachlass auf ein sensationelles Kleid aus einer französischen Kollektion, eben eingetroffen. Da konnte das Model nicht Nein sagen. Das hätte sie frivol gefunden.

Die Kosmetikerin fragte hochvergnügt, ob es sich um etwas Ernsteres handle und war schwer davon zu überzeugen, dass *gar nichts* sei.

Der Hausmeister-Chauffeur bat um ein Autogramm auf den Zeitungsausschnitt. Die Unterschrift des Doktors hatte er schon. „Mit Dank für treue Dienste“, stand darüber. Irgendwie blöd, wenn ich da meinen Namen darunter schreibe, dachte das Model.

Die Hochsaison war da. Und mit ihr das Leben, das das Model immer geführt hatte. Mit dem Unterschied, dass sie untertags nicht arbeitete, sondern extrem viel schwamm, sich in der Sonne aalte, sich immer öfter in die Hände des Masseurs begab, um für die Nächte fit zu sein.

Der junge Patient war längst wieder da und nahm sie gerne auf schräge Clubbings mit, wo sie jede Menge Leute traf, die wieder Yachtfahrten und anderes terminisierten. Auf dem kleinen Schreibtisch in ihrem Zimmer lag ein

Kalender, in den sie vergnügt eintrug und aus dem sie ebenso vergnügt ausstrich.

Zu den Europameisterschaften der Profis in den lateinamerikanischen Tänzen war sie in die VIP-Loge eingeladen. Da nahm sie den Doktor mit, der die Perfektion dieser synchronisierten Körper nicht genug bewundern konnte und immer wissen wollte, wie viele Stunden man dafür trainieren müsse. Zum Oldie-Corso wiederum nahm er sie mit und war sichtlich stolz auf die Attraktivität an seinem Arm.

Auf dem Boulevard wurde sie von vielen Leuten gegrüßt. Bei manchen wusste sie sogar, wer sie waren. Allen sagte sie, sie würde sich so phänomenal erholen, das totale Nichtstun, das Ausspannen sei einfach einzigartig.

Einmal bat sie der Doktor, mit ihm zu einer Protestversammlung gegen ein Go-Kart-Rennen zu gehen. Er war weniger wegen des Kraches dagegen, der Ort war mittlerweile so laut geworden, dass es auf Motorgeknatter am Nachmittag nicht mehr ankam, er wehrte sich mit anderen, dass für dieses Rennen Kieswege asphaltiert werden sollten. Die Versammlung fand im Extrazimmer eines auf älplich gestylten Hotels statt und war dem Model nicht nur deshalb zuwider. Da waren natürlich nur einheimische Debattenredner, da war der Dialekt zu übermächtig und unangenehm, da war die Argumentation von Befürwortern der Asphaltierung so primitiv und polemisch, dass sie Angst bekam. Als die Debatte mit vorläufig unentschiedenem Ausgang beendet war, wusste der Doktor, er hatte ihr damit keine Freude gemacht.

„Sie müssen auch einmal hinter die Kulissen sehen.“

„Gut, das habe ich. Und jetzt essen wir was Feines, ja?“

Sie fuhren mit des Doktors Auto ein paar Kilometer ins Land auf eine halbe Höhe, aßen dort mit märchenhaftem Fernblick auf den See gute regionale Kost und hörten nach

21 Uhr nach und nach ferne Bands, darunter sofort erkennbar die Combo des italienischen Entertainers.

„Lust?"

„Und wie."

Der Italiener sang, gleich als er das Model und den *Dottore* sah „Tu sei per me ..."

Die beiden tanzten eng, tranken viel und sprachen nichts mehr.

Bevor es zur Abschiedssituation kam, sagte sie: „Willst du nicht mit mir schlafen?"

„Ich kann dir gar nicht sagen, wie gerne."

Sie passten zueinander. Komödien waren nicht nötig. Als er in der Früh in die Dusche ging, dachte sie darüber nach, welche männlichen Verhaltensweisen sie mochte und welche sie auf den Tod nicht ausstehen konnte. Von den letzteren hatte der Doktor nichts an sich. Sie räkelte sich zufrieden.

Er kam aus dem Bad und sagte mit der ruhigsten Ordinationsstimme: „Könntest du dir vorstellen, hier zu bleiben? Als meine Frau?"

Sie sah ihn groß an.

„Es könnte auch schön sein, mit dir noch ein Kind zu haben."

„Nicht alles auf einmal."

Sie stand auf und küsste ihn.

Sie hatte sich entschieden. Die Sache war in der Szene rasch durch, da bedurfte es keiner Verlobung. Auch der Ort, also die Einheimischen, wussten, das ist des Doktors zukünftige Frau. Die Sache mit seinem Freund, dem Werbemann, brachte der Doktor in Ordnung. Der lehnte das Ansinnen, das Geld für die letzten zwei Monate zurückzunehmen, natürlich ab.

Das Model rief ihn auch an. Er hatte wenig Zeit. Er sagte nur in aller Eile, er wünsche ihr von Herzen Glück, die Schlüssel für die Wohnung solle sie bei Gelegenheit zurückschicken, und falls was schief laufen sollte, er sei für sie da.

Sie behielt ihr Zimmer in der Villa. Denn es hatte sich herausgestellt, der Doktor bewohnte nur eine kleine Single-Wohnung neben seiner Ordination. Die Räume der ehemaligen Wohnung waren in einer großzügigen Ordinationserweiterung mit allerhand medizinisch-technischem Equipement aufgegangen. Nach der Saison, wenn es etwas ruhiger sein würde, könnte man die Wohnungssache gemeinsam angehen. Am sinnvollsten wohl durch Ausbau des Badehäuschens zu einem Super-Bungalow. Da könnte es zwar Schwierigkeiten mit der Baubewilligung geben, aber er habe keinen schlechten Draht zum Bürgermeister. Dies, obwohl der … Der Doktor nannte die Zugehörigkeit zu einer Partei, mit der das Model nur Widerwillen verband. Sie verstand von Politik zwar gar nichts, hatte auch keinerlei Ambition, etwas zu verstehen, aber sie hatte eine empfindliche Haut, und diese Haut fühlte sich von dieser Partei behelligt.

Sie versuchte sich daran zu gewöhnen, vom Personal, den zwei Serviererinnen, der Köchin und dem Chauffeur schon als Dame des Hauses behandelt zu werden. Die Köchin ließ allerdings keinen Zweifel daran, wie eine auch nur minimale Kompetenzanmaßung der jungen Frau enden würde.

Hauspatienten begannen das Model zu befragen, ob denn der Doktor in der Zeitschrift von der neuen amerikanischen Behandlungsmethode gelesen habe. Sie war eben keine Patientin und kein Gast mehr, das kam ihr komisch vor, manchmal bedrohlich. Aber Paradiese haben ihren

Preis. Das Augustende war nicht beschreibbar in seiner Schönheit, wenn sich des Morgens über dem Wasser ein durchsichtiger Nebel langsam hob und der Sonne die Bahn freigab.

Sie war tiefbraun. Am ganzen Körper. Sie lachte. Wie hatte er damals gesagt? Bis auf das gewisse Dreieck oder so ähnlich. Die Formulierung fiel ihr nicht mehr ein. Sie stand nach einem ausgiebigen Nachmittagsschwimmen im Bad vor dem Spiegel. Sie betrachtete ihre Hüften, den Bauch von der Seite und malte sich aus, wie sich das alles verändern könnte, würde sie wirklich ein Kind haben. Nein, danach war ihr nicht. Ganz und gar nicht.

Das Bühnenbild der Existenz änderte sich. Langsam reisten die Sendboten der Hauptstadt und die anderer Länder ab. Die Eintragungen in ihrem Kalender wurden immer seltener. Die Nachsaison begann. Noch gänzlich ohne Regenzeit.

Der junge Patient kündigte seine Abreise an. Er wollte mit dem Model noch einmal ausgehen, der Doktor würde wohl nichts dagegen haben. Das Model lachte nur. So etwas war außerhalb ihres Vorstellungsvermögens.

Sie fuhren ins „Grand-Hotel". Aber der Italiener war nicht mehr da. Gestern habe er seinen Abschiedsabend gehabt. Ab heute spielten für einen Monat Polynesier, ein sehr gutes Quartett. Das Quartett waren drei recht lustlose Musiker und eine fette singende Frau. Das Model und der junge Patient blieben nicht lang. Sie spazierten die Strandpromenade auf und ab. Dass die Kandelaber am Weg scheußlich waren, hatten sie schon ein anderes Mal besprochen gehabt. Jetzt schauten sie auf die Lichter am Wasser. Er würde jetzt wieder versuchen ins Geschäft einzusteigen, sagte der junge Patient, er fühle sich auch wirklich sehr gut – nein, er sagte nicht erholt, er sagte stabilisiert.

Als er meinte, man würde sich sicher im nächsten Jahr wiedersehen, weinte sie ein wenig. Sie wusste nicht, warum.

Der Doktor hatte unverändert viel zu tun. Jetzt schienen die Patienten anzureisen, denen am Badesommer nichts lag. Die es mehr mit dem Wandern hatten und die auch so aussahen. Das Model hatte das System dieser Klinik schon durchschaut. Überall in der Nähe gab es Stammzimmer, die für Patienten vorreserviert waren. Zur Untersuchung wurde zeitlich großzügig bestellt, aber eben weit über einen normalen Arbeitstag hinaus.

Einmal nahm der Doktor seine zukünftige Frau zum Strandfest zu Freunden mit. Der Freund war Diplomingenieur, Baustatiker, laut und chronisch vergnügt. Seine Frau eine beflissene Gastgeberin, immer nach Ausdrücken suchend, um zu sagen, wie sehr man sich freue, dieses schöne neue Mitglied des Freundeskreises feiern zu können. Und da war er, der Freundeskreis, alle Leute, die in diesem Ort etwas zu reden hatten, und deren Frauen. Gegen das Gefühl, mit all diesen auf den nächsten Mai warten zu müssen, kämpfte das Model an. Das Strandfest war als Gartengrill organisiert, kulinarisch erlesen, die Nacht war traumhaft, das Wasser lag ruhig und schön da wie immer, sogar das Haus des Statikers war eigentlich sehr schick. Aber das Model wusste nicht recht, wohin mit sich. Dankbar empfand sie, dass sich der Doktor nie zu lange von ihr fernhielt, sie immer wieder einbezog und auch ein wenig umarmte. Aber nicht als verliebter Gockel, sondern als ihr Mann, als ihr auf sie sehr stolzer Mann. Zwischendurch bildeten sich Damenrunden mit den Saisonbilanzen des Gesellschaftstratsches und Meinungsaustausch über Einkaufsquellen. Auch von einer Scheidung eines dem Model unbekannten

Paares war die Rede. Alle Damen kamen dem Model zu braungebrannt vor.

Bin ich auch so braun? Ist das schön?

Spät am Abend, einige der Herren waren schon hübsch besoffen, drangen Wortfetzen einer politischen Diskussion an ihr Ohr. Ein Gastronom hatte auf den Konflikt hingewiesen, die ausländischen Kräfte für das Service und in der Küche zu brauchen, sie aber nicht rechtzeitig und nur unter sinnlosen sozialen Schikanen loswerden zu können. Ein Betrunkener sagte dazu besonders zynische, viel belachte Dinge. Das Model fragte den Doktor, wer der Mann sei und warum er ihm nicht übers Maul fahre.

„Das ist der Bürgermeister", sagte der Doktor. „Ein Idiot. Aber wir brauchen ihn für die Baubewilligung."

Diese Auskunft gefiel ihr nicht. Sie betrank sich nach langer Zeit zum ersten Mal. Nicht schwer, ein wenig.

Der Wunsch, miteinander zu schlafen, kam vom Doktor. Irgendwann in der Nacht fragte das Model:

„Warum ist dir damals deine Frau durchgegangen?"

„Ich weiß es nicht. Und es ist mir längst egal."

Er wurde zärtlich.

Der erste lange Regen kam. Vier Tage hielt er an. Der dritte Tag war – der Hausdiener sagte: das ist so – im Ort ein allgemeiner Abreisetag. Danach lag ein Septembersee da, der ließ das Model wieder jubeln. Wenn sie auf dem Balkon stand, hatte sie das Gefühl, er gehöre nur ihr. Ihr allein. Wie ihr Leben.

Sie hätte in die Hauptstadt fahren sollen, um ihre Garderobe und Sonstiges zu holen. Aber sie hatte Angst, auch nur einen dieser Tage zu versäumen. Sie ging lieber in die Boutique, um für den Abend auch etwas Wärmeres zu haben. Die Boutiquenbesitzerin bot einen enorm reduzierten Ausverkauf der Sommersachen, aber nichts für den Herbst.

„Ich mach doch in zwei Wochen zu", sagte sie. „Ja glaubst du, ich kann von diesen Idioten hier leben? Die reisen ja, auch wenn man es ihnen nicht ansieht. Die kaufen in New York ein. Ich gehe jetzt einen Monat auf die Bahamas und dann sperre ich meinen Laden in" – sie nannte einen exklusiven Schiort – „auf. Im Winter ist es hier tot. Mausetot."

Wenn das Model vernünftig einkaufen wolle, dann müsse sie schon die zwanzig Minuten in die nahe Stadt am Seeende fahren.

Die Boutiquenbesitzerin kam dem Model ordinärer vor als noch vor Wochen. Sie hatte auch zugenommen. Und war redselig.

„Weißt du, dass ich – lange her, lange her – einmal *Miss See* war? Davon ist nichts mehr da, wie man sieht, aber meine zwei Geschäfte habe ich mir zusammengevögelt, da beißt die Maus keinen Faden ab. Magst du einen Cognac?"

Das Model lehnte dankend ab.

Sie ging den Boulevard hinunter. Sie erinnerte sich an die Tage des Erwachens der Saison, inszenierte sich den Anblick in das endgültige Gegenteil.

Hier wird es auch schneien. Grotesk. Da, wo jetzt noch leere Kaffeehausstühle stehen, wird es Schneehaufen geben. Brrr!

Sie ging in die Bäckerei mit dem guten Milchrahmstrudel. Den gab es, Gott sei Dank. Sie trank dazu eine Schokolade. Sie suchte Schutz im Geschmack einer Kindheit.

Als Hochzeitstermin schlug der Doktor Ende Oktober vor. Dann würde er das Haus für zwei Wochen sperren und sie würden nach Manhattan fahren. Jeden Abend Essen, jeden Abend eine Show. Untertags Einkaufen. Er konnte sie mit seiner Vorfreude anstecken.

Sie fand sich damit ab, dass der Doktor auch Bürger

dieses Ortes war und gelegentlich zu Herrensitzungen in kommunalen Angelegenheiten geladen. Aber eine Sache war ihr neu. Immer wichtiger wurden abendliche Gespräche an der Hausbar mit Freunden aus dem Ort. Die drehten sich um die Frage, ob die Finnen die richtige Verstärkung sein würden, ob es sinnvoll war, den kanadischen Trainer zu wechseln. Liebevoll erklärte der Doktor ihr auf Befragung die Zusammenhänge. Er und die anderen seien alle leidenschaftliche, fanatische Fans des Eishockeyklubs der Stadt, sie seien auch fördernde Mitglieder und VIP-Dauerkartenbesitzer. In zwei Wochen würde sich die neu formierte Mannschaft vorstellen, und zwar gleich in einem Test gegen den Erzrivalen. Da müsse sie natürlich auch dabei sein. Es werde ihr großen Spaß machen. Und dann erzählte er von seiner Bewunderung für die Körperbeherrschung dieser Sportler und von seiner Traurigkeit, selbst das Eislaufen nie gut erlernt zu haben.

Wie man darüber traurig sein konnte, war dem Model unerklärlich. Sie war sauer, dass der Zeitschriftenladen das große französische Modejournal nicht mehr führte.

„So was geht bei uns nur im Sommer", hatte die blöde Kuh im Laden gesagt.

Der Doktor hatte zwar gewarnt, in der Nähe der Eisfläche sei es auch im warmen Frühherbst kalt, sie aber hatte doch nicht genügend angezogen. Sie stand vor Spielbeginn leicht fröstelnd, im Stand gehend neben ihrem Doktor, nahm die Aufwärmrituale von gelben und blauen Menschen wahr, fand das irgendwie lustig, aber doch fade, und bat um einen Drink. Sie gingen in den VIP-Raum, der Doktor brachte Cognacs, stellte pausenlos seine zukünftige Frau vor, genoss plumpe und weniger plumpe Bewunderungen. Dann kam das Gespräch aber unverzüglich auf die existenzielle Frage, was das heutige Spiel denn an Erkenntnissen bringen würde.

Sie kam sich vor wie eine Brosche am Revers des Doktors. Angegafft von Männern mit enormen weißen Kunstgebissen, scheel angesehen von jungen Frauen – sie wusste nicht, dass es sich um Spielerbräute, -freundinnen oder -frauen handelte.

Sie wusste nicht, was sie hier sollte.

Als das Spiel lief, bemühte sich der Doktor, ihr einige Rätselhaftigkeiten zu erklären. Etwa den *Zweilinien-Pass* oder das *Icing*. Aber er sah ein, es war hoffnungslos. Sie nahm nur eine sie gleichermaßen faszinierende wie abstoßende Brutalität wahr. Vor allem aber reagierten die Männer und wenigen Frauen in dieser VIP-Loge gleichgeschaltet. Wenn ein Gelber – das war der Feind, das hatte sie rasch verstanden – einen Blauen berührte, wurde das als Mordversuch gewertet und der nicht pfeifende Schiedsrichter übel beschimpft. Wenn ein Blauer einen Gelben zu Boden beförderte, gab es anerkennende Äußerungen.

Ihr war nicht mehr wichtig, was da auf dem Eis geschah. Sie beobachtete nur mehr ihren zukünftigen Mann. Der unterschied sich von den anderen. Er ergriff nicht einseitig und blöde Partei, er amüsierte sich über die anderen, die das taten. Er genoss die Dummheit, die Primitivität. Es machte ihm Spaß.

Er stellt Diagnosen. Bin ich auch nur eine? Nur ein gut vorzeigbarer Anlass für eine Diagnose?

Alles, was in der ersten Drittelpause geredet wurde, erinnerte sie an das Strandfest. Sie sprachen über die Eishockeyspieler wie über Sklaven. Die hätten Leistung zu bringen.

In der zweiten Drittelpause, sie war beim dritten Cognac des Abends, erklärte der Doktor als Autorität, dass mit dieser Mannschaft in dieser Saison sehr zu rechnen sei. Er sagte das genau so wie: Organisch sind sie völlig gesund, alles andere werden wir beobachten. Das tat ihr weh.

Dass die Heimischen knapp führten, nahm sie zur Kenntnis, dass der Doktor es aufgegeben hatte, ihr zu sagen, welcher Check regulär und welcher irregulär sei, war ihr nur Recht.

Als die Spieler wieder begannen, sagte der Doktor: „Das letzte Drittel entscheidet", und drehte sich von ihr ab.

Als ein paar Minuten später ein junger Stürmer ein schönes Solo fuhr, wollte der Doktor dem Model sagen, dieses Talent sei erst siebzehn Jahre alt. Ihr Sitz war aber leer.

Kurze Zeit danach immer noch.

Der Doktor ging in den VIP-Raum. Nein, sie sei nicht da gewesen.

Er ging auf die Damentoilette. Da war kein Abteil besetzt.

Er trat aus dem Eisstadion und sah von der Stiege zum VIP-Bereich über den großen Parkplatz. Da war niemand. Von drinnen kam Gegröle. Das klang nach einer kleinen Rauferei.

Sie saß im Speisewagen. Eine Rotweinflasche war fast leer. Was hatte er gesagt? Sucht muss man parallel verschieben. Ich bin stadtsüchtig. Jawohl. Stadtsüchtig.

Sie hatte den Werbemann angerufen, ihm ihre Ankunftszeit mitgeteilt. Der war in äußerster Eile, meinte, den Abholtermin vom Zug vielleicht nicht zu schaffen, er würde sie aber abholen lassen.

Am Bahnhof nahm sie ein junger Mensch in Empfang, wunderte sich nicht, dass sie kein Gepäck hatte, geleitete sie zu einem riesigen Auto, richtete vom Werbemann liebe Grüße aus, der habe noch einen Termin, würde sich aber gegen zwei Uhr bei ihr melden.

Sie fuhren durch die Lichter der Hauptstraße. Das Model begriff nicht, wie sie je nicht hier hatte sein können. Sie suchte in der Tasche nach einer Tablette. Dann lachte sie auf. Sie hätte doch wissen müssen, dass sie noch keine hat.

Der Fahrer deutete ihre Bräune richtig.

„Haben Sie sich gut erholt?"

„Fantastisch."

Sie hielten vor ihrer Adresse.

„Na, da kann's ja wieder losgehen."

Der Wein am Fluss

Was schenkt man einem geliebten Esser, wenn der gerade mittels Nulldiät versucht, die Hosen wieder zuzubringen? Ein wunderbar bebildertes Buch mit den besten Gerichten, sagen wir, des Piemont. Solch ein Präsent wird immer erheitern, den Lebensmut steigern.

Diesem Prinzip folgend schenkte die Freundin des Trinkers ihrem schon in der dritten Woche trockenen Freund ein Buch „Weinanekdoten". Sie hatte es bei absichtslosem Stöbern im alten Buchgeschäft gefunden und sofort an die Freude gedacht, die sie ihrem Partner damit machen könnte.

Der Trinker nahm die Chance wahr, Größe zu zeigen und zu beteuern, dieses Buch sei in seiner derzeitigen Situation wirklich die beste Ablenkung. Er las es aber erst, als die Trockenzeit vorbei war.

Eine längere Geschichte interessierte ihn mehr als andere. Sie hatte den Titel „Der Wein am Fluss" und ging so:

„Ich war Kabarettist und Österreicher. Das war auch der Grund, warum ich damals, als die ehemals so prächtige Stadt noch zum Arbeiter- und Bauernstaat gehörte, dort gastieren konnte. Ich hatte die Einladung gerne angenommen. Nicht nur, weil ich immer wieder und überhaupt jede Gelegenheit wahrnehmen wollte, auf vielerlei Art zu sagen und zu singen, die Behauptung *Systeme* sind *wie Feuer und Wasser,* ist Blödsinn, sondern auch, weil ich durch private Kontakte mir meine Haltung immer wieder beweisen ließ. Der Mensch, der an Liebe, Frieden, Speis und Trank existenzielles Interesse hat, ist die übergeordnete Größe, Systeme sind nur Hilfskonstruktionen, daher auswechselbar, korrigierbar, kombinierbar, konvergierbar.

Sinnvolle Gespräche darüber waren mit dem Kollegen und der Kollegin, die mich in ihr Theater eingeladen hatten, auf das Angenehmste zu führen.

Beim Schlendern durch die Stadt war ich allein. Da wollte ich nie jemanden neben mir haben, der mir Fortschritte erklärte, Vorhaben oder die Gründe für nicht zu Leistendes. Ich wollte nur schauen. Auf diese absurde Komposition von Ruinen, erhaltenen Prachtbauten und hässlicher Systemarchitektur. Ich wollte sehen, wie Verfall und Sanierung sich ein totes Rennen lieferten, ich wollte im Stadtführer lesen, wie komisch es klang, wenn sich die Arbeiter und Bauern der architektonischen Wunder rühmten, die nur in einer von ihnen verachteten und überwundenen Welt hatten entstehen können.

Dies und anderes ging mir durch den Kopf, als ich auf der Brücke stand, die berühmte und heute schon wieder glanzvolle Bautensilhouette vor einem blauweißen Postkartenhimmel betrachtete und den die Landschaft verätzenden Fluss in meine Nase stinken ließ.

Bei der Aufzählung wichtiger, keineswegs aller kreatürlichen Sehnsüchte und Bedürfnisse habe ich den Trank erwähnt. Der war mir schlenderndem Kunstfreund allzeit wichtig. Daher hatte ich mit der Gastronomie auch in dieser Stadt des Staates keine Freude. Dass die Karte mit der Namensnennung von erhältlichen Speisen und Getränken aus schlechtem Papier war, fettig und abgegriffen, störte mich nicht. Im Gegenteil. Das nahm ich als Ehrlichkeit, als Ausdruck des Unwillens, *Weltniveau* vorzugaukeln, wie das auf anderen Ebenen häufig versucht wurde. Was mich so störte, waren die Worte *Weißer Wein* und *Roter Wein.* Das klang in meinen Ohren wie *Kaltgetränk* oder *Sättigungsbeilage.* Wenngleich es, daran muss erinnert werden, ja nie hieß *Fleisch und Sättigungsbeilage.* Das Fleisch hatte immer eine Zuordnung zu einer Tierart, ob es nun *heute nicht im Angebot* war oder nicht. Bei weißem und bei rotem Wein konnte es allerdings nicht sein, dass der *eine* weiße Wein nicht im Angebot war, sondern der *andere,* da war es so, dass wenn weißer Wein nicht im Angebot war, es nur den roten gab. Aber auch das war nicht ganz sicher.

Ich hatte es mir bei Gastspielen *drüben* also angewöhnt, Durst eher mit einem Bier zu löschen. Auch das nur – wohlgemerkt – vor einem spielfreien Abend.

An diesem spielfreien Abend war ich nun beim Kollegen und der Kollegin zum Essen eingeladen. Wir wollten uns schon am Nachmittag treffen, um die schöne Umgebung der Stadt noch bei Licht genießen zu können. Die Kollegen wohnten weit außerhalb des Zentrums, privilegiert, und freuten sich sehr darauf, zeigen zu können, in welch schöner Lage.

So rumpelten wir durch die Außenbezirke, wo die Straßen immer löchriger wurden. Auf die nie zu vermeidende Frage, ob ich denn meiner körperlichen Massigkeit wegen in *diesem* Auto wohl auch hinreichend Platz hätte, antwortete ich gewohnheitsgemäß ‚mehr als genug'.

So kamen wir in eine wunderschöne Flusslandschaft, eingesäumt von Grün, von alten Villen mit Gärten und vor allem – das hatte ich Landschaftskenner schon im Auto wahrgenommen und angesprochen – von Wein. Da gab es Reben und Weinhügel noch und noch.

Ich hätte keine Ahnung gehabt, dass an diesem Fluss Wein wachse, gestand ich beschämt und beklagte die begrenzte Weltkenntnis der Österreicher, wenngleich ich nicht versäumte anzumerken, die Österreicher hätten seit einiger Zeit allen Grund, nur mehr ihren eigenen Wein zu kennen. Mit genüsslichem Blick zu den Weinhügeln hin sagte ich also: ‚Da werden wir heute ja was probieren.'

Die Blicke, die zurückkamen, waren ratlos. Der Kollege und die Kollegin taten sich nicht leicht, dem Gast zu erklären, hier wachse wohl Wein, er würde auch geerntet und gekeltert und in Flaschen abgefüllt und irgendwann wohl auch getrunken, aber nicht von ihnen und auch sonst von niemandem, den sie kennten, sondern ausschließlich von Konsumenten internationaler und Valuten bringender Spitzengastronomie. Kurz, der Wunsch des Gastes nach dem hier wachsenden Wein sei unerfüllbar, selbst für sie, die sie in ihrem Staat auf dem Gebiet ihrer Kunst Rang und Namen hätten.

Ich erkundigte mich noch einmal ungläubig und daher doppelt intensiv, ob es also tatsächlich so sei, dass die Kollegen, die Protagonisten des heimischen Kabaretts, nicht imstande wären zu einer hierorts gottgefällig wachsenden Kreszenz zu kommen. Das wurde mir abermals bestätigt. Bedauernd. Ultimativ. Hoffnungslos.

Da wurden in mir zwei Lebensfunktionen übermächtig: die des Österreichers und die des Trinkers. Man könnte vereinfachend sagen, des österreichischen Trinkers.

Ich sagte, ich böte jetzt eine Wette an, *um die Ehre* selbstredend, ich würde diese hübsche kleine Villa, vor der man stand, nicht betreten, ohne ein Gastgeschenk in Form einer Flasche regionalen Weines in Händen zu halten. Die Wette wurde angenommen, amüsiert, siegesgewiss, möglicherweise auch, weil man meinte, man könne einen wahnsinnigen Fremden nicht daran hindern, eine halbe Stunde sinnlos durch die Gegend zu latschen.

Ich begann die staubige Landstraße entlang zu gehen. In der sicheren Erwartung, irgendwo einen Weinkeller, eine volkseigene Produktionszentrale oder wie auch immer die Sache im Systemdeutsch hieß, zu finden.

Aber wahrscheinlich würde alles viel einfacher sein. Denn da war ja ein Schild zu sehen ‚Zum alten Ritter‘ oder so ähnlich. Unzweifelhaft ein gastronomischer Betrieb, wie volkseigen auch immer. Es wäre auch nicht zu verstehen gewesen, wenn es hier, mitten in einer Ausflugs- oder, wie ich mir immer wieder sagte, einer Weingegend, nichts gegeben hätte, um einzukehren.

Ich betrat das kleine, mit seiner alten Holzdecke gediegen und zünftig wirkende Lokal. Von einer nicht unfreundlichen jungen Frau nach meinem Begehr gefragt, sagte ich, ich würde gerne eine Flasche Wein kaufen. Das löste keinerlei Überraschung aus. Kurze Zeit später hatte ich eine Flasche weißen Weines in Händen und besah das Etikett. Da stand nun erfreulicherweise nicht *Weißer Wein* drauf, die Farbe war durch das Glas ersichtlich, es stand einer jener Namen wie ‚Rebenstolz‘ oder ‚Winzerglück‘ drauf, wie sie auch im Westen jahrzehntelang die Menschen blöd machen durften. Unter dieser Wortschöpfung stand allerdings das, worauf es ankam: *aus bulgarischem Traubengut.*

Ich gab die Flasche freundlich, geradezu liebenswürdig zurück, ahnend, jedwede Arroganz könnte meine Chancen mindern. Ich sagte, das sei ein Irrtum, ich hätte lokalen Wein gemeint, den aus der Gegend, den von da drüben, von der anderen Seite des Flusses. Der Blick der Frau hinter der Theke signalisierte Fassungslosigkeit. Sie brauchte einige Zeit, um sich darüber klar zu werden, dass man sie nicht zum Besten halten wollte. Dass es auf dieser Welt, jenseits des undurchlässigen Vorhanges, eben Leute gibt, die nicht alles wissen, was hierorts die Ordnung ist. Wein aus dieser Gegend könne sie nicht anbieten, erklärte sie. Und auf die Frage, ob möglicherweise eine andere Gastwirtschaft einen feilböte, antwortete sie – schon ein wenig bestimmter – mit einem ‚sicher nicht‘.

Ich stand wieder auf der Straße. Ich schämte mich ein wenig für die Annahme, hier ohne Probleme, auf direktem

Wege den gewünschten Wein kaufen zu können. Wenn es so einfach wäre, sagte ich mir, wäre mein Kollege ja ein Volltrottel. Ich, der Österreicher, der Mann, der schon als Kind in jeden Zirkus gratis hineingekommen war, für den auch das ‚Ausverkauft'-Schild der ersten Theater noch nie ein Grund sein konnte, eine Vorstellung nicht zu sehen, ich sollte hier, angesichts der Trauben nicht deren Endprodukt zu trinken bekommen?

So ging ich weiter. Sehr bald kam ich auf einer Art Güterweg zu einem offen stehenden alten Eisentor. Dahinter war gepflegtes Grün und in der Tiefe ein Gebäude, das für ein Depot zu halten war. Das muss ein Weinkeller oder Weinlager sein, folgerte ich, fiebernd vor Erfolgszwang.

Ich betrat das Haus. In einem Raum ohne erkennbare Bestimmung saßen vier Männer, einfache Werktätige, taten- und sprachlos, jedenfalls beim Anblick des Fremden. Es könnte sein, dass sie – regelmäßige Konsumenten des West-Fernsehens – meinten, diesen nicht erwartbaren Menschen schon einmal gesehen zu haben. Ich fragte, ob es sich hier um ein Weingut handle. Nein, wurde mir beschieden, das sei eine Gärtnerei. Es wäre für mich also jeder Grund vorhanden gewesen, zu sagen ‚Da habe ich mich geirrt, einen schönen Tag noch!', und zu gehen.

Ich aber insistierte. *Wo* denn hier das nächste Weingut sei, wollte ich wissen. Die Gegenfrage könnte misstrauisch geklungen haben: ‚Wozu wollen Sie das wissen?'

Wie wir uns alle erinnern können, waren die Bürger des Arbeiter- und Bauernstaates geschult und angehalten, fremdländischen Umtrieben vorzubeugen.

Da erzählte ich nicht nur meinen Wunsch, sondern auch die Geschichte des Wunsches. Ich sprach von meiner angeborenen Naivität, von der kollegialen Wette, davon, dass ich wohl wüsste, der Wein vom Fluss würde in die gehobene Gastronomie geliefert werden, sei für Gewohnheitstrinker käuflich nicht zu erwerben, aber man möge mir nachsehen, dass ich – Österreicher seien eine eigene Art Mensch – tieftraurig wäre, würde meine Annahme, es gäbe in näherem Umkreis doch die eine oder andere Flasche, falsch sein.

Die vier Männer sahen einander an. Genauer gesagt, es sahen drei auf einen. Der war offenbar in der Lage, zum Thema Auskunft zu geben. Der stand aber nur auf und winkte, während er den Raum verließ, mir, dem Fremden. Draußen in der prächtigen Weingegend mit den zum Fluss abfallenden Rieden, stand er neben einem Traktor und fragte: ‚Haben Sie zehn Minuten Zeit?'

Ich bejahte. Ich erkundigte mich auch nicht, wozu und warum ich zehn Minuten Zeit haben sollte. Mein Instinkt für die hintenherum führenden Wege dieser Welt sagte mir, da ist was im Laufen.

Ich hielt mein Gesicht in die Abendsonne. Nach zehn Minuten ruckelte der Traktor wieder heran. Der Werktätige, etwa in meinem Alter, stieg vom Traktor und hielt zwei Flaschen Wein in der Hand. Er überreichte sie, beinahe verlegen. Gleichsam, als ob er bedauerte, nicht mit mehr dienen zu können. Gewissermaßen, als ob er sich der international unüblichen Umständlichkeit dieser Weinbeschaffung bewusst wäre. Ich riskierte keinen Blick auf die Flasche, gar auf das Etikett. Misstrauen war mir jetzt völlig fern. Ich fragte nur nach meiner finanziellen Schuldigkeit. Der Werktätige sagte, er habe nichts zu bekommen, das sei ein Geschenk, über den Vorgang als solchen sei Stillschweigen zu bewahren.

Ich überzeugte den Weinanbringer mit einem großen DM-Schein, die Sache mit dem *Geschenk* nicht zu eng sehen zu sollen. Eines konnte ich mir während des dankenden Händedrucks allerdings nicht verkneifen, nämlich die

Frage, aufgrund welcher Umstände man Weinflaschen besitzen könne, die es planmäßig nicht gebe. Mit einem leisen, aber auch schuldbewussten Lächeln wurde von der Möglichkeit des *Eigenbedarfs* gesprochen.

Ich lief geradezu in Richtung des Hauses der Kollegen. Das triumphale Gefühl, kein Regime dieser Welt sei in der Lage, Korruption – zumal unter Trinkern – zu verhindern, wurde überlagert von der Vorfreude auf das hoffentlich verblüffte, gar dumme Gesicht der dieses Gastgeschenk Empfangenden, die Wette Verlierenden.

Ich überreichte angesichts eines schön gedeckten Tisches und der vorbereiteten Biere einen *Weißburgunder* und einen *Grauburgunder,* gewachsen an den durch das Fenster erblickbaren Rebstöcken.

Es fällt schwer, zumal im Nachhinein, das Gesicht und die Gemütslage des der politischen Lehre – in wachsend kritischer, aber immerhin Solidarität – verbundenen Kollegen zu beschreiben. Er wohne jetzt soundsoviele Jahre in diesem Haus und sei noch nie auf die Idee gekommen, die Nichterhältlichkeit dieses Weines zu bezweifeln, initiativ zu werden, vielleicht sogar Ungesetzliches zu versuchen oder zu fördern. Ganz sicher lief im Kollegen der Sekundenfilm mit allen Zweifeln und Fragen ab, die man an das System und an seine Haltung zum System und innerhalb des Systems hatte.

Zum weiteren Philosophieren war keine Zeit mehr, das Essen war bereit. Von einer Kühlung des Weines wurde aus Zeitgründen Abstand genommen. Jetzt war er da. Und jetzt hatte er auch getrunken zu werden.

Während des Essens dachte ich, es kann auf die Dauer kein politisches System überleben, das Menschen daran hindern will, vor der Haustür wachsenden Wein auch zu trinken. Derartige Gedankengänge behielt ich immer für mich. Ich hätte es für billig und taktlos gehalten, Schlüsse dieser Art auch nur anzudeuten. Das Beispiel gegeben zu haben genügte meinem – nennen wir es weltanschaulichen Intrigantentum. Natürlich spielte ich während des Essens die Nuancen der Beschaffung, damals noch in allen Details exakt, vor. Der Kollege und die Kollegin sparten nicht mit Kommentaren. Schließlich waren sie ja Kabarettisten.

Weltgeschichte zog ins Land, wie man weiß. Die Arbeiter und Bauern schafften ihren volkseigenen Staat ab. Die Zweifel an den Eigentumsverhältnissen waren zunehmend zu groß geworden. Es ging auf Weihnachten zu. Ich dachte in meiner österreichischen Heimat sicherlich schon über die Auswahl des Weines zum weihnachtlichen Fischgang nach, als der Postbote ein Paket mit einem erlesenen Sortiment von Weinen aus der die Episode beheimatenden Gegend brachte.

Ich gestand später, schon oft sehr gerne Weine getrunken zu haben, aber wenige so gerne wie diese."

Soweit die Geschichte aus dem Buch. Der Trinker fand sie ein wenig zu blumig erzählt. Aber da das Buch „Anekdoten" hieß, schien ihm das berechtigt. Er dachte darüber nach, ob es sich um einen gänzlich unbedeutenden, wenngleich amüsanten Beitrag zu den Themen Durst und Triebbefriedigung unter besonderen historischen Umständen handelte. Oder ob sich hinter der Episode mehr verbarg, als im ersten Moment zu erkennen war. Dieser Verdacht wuchs.

Der Trinker war nicht nur Journalist, sondern auch als Privatperson chronisch neugierig. Insofern also für seinen Beruf begabt. Er machte sich zunächst einmal kundig. Welche Stadt, welcher Fluss gemeint waren, ging aus der Geschichte einwandfrei hervor. Ein Blick in das Weinlexikon präzisierte die geschilderte Uferstrecke. Ebenso die dort vorkommenden Traubensorten. Die Frage nach deren

Lebensbedingungen in dieser geografischen Lage drängte sich auf. Der Trinker war eben Weinkenner. Wenngleich dieser Begriff richtig einzuordnen ist. Er war Weinkenner auf jenem hohen Niveau, das Schachspieler auszeichnet, wenn sie endlich draufkommen, dass sie keine Ahnung haben und nie eine haben werden. Die so gut und wissend sind zu begreifen, sie hätten gegen das sich vor ihnen aufgrund der Vorstudien öffnende Universum nicht den Hauch einer Chance. Der Trinker zählte also zur Kennerelite der Demütigen. Aber er nahm sich vor, der Sache mit dem Wein am Fluss, zumal unter geänderten historischen Bedingungen, nachzugehen.

Bald darauf bot ihm eine berufliche Unternehmung dazu die Gelegenheit.

Er kam in diese leuchtende Stadt, fuhr mit dem Taxi durch einen Villenvorort in die angepeilte Gegend, unterhielt sich mit dem etwa dreißigjährigen und daher noch sehr gebildeten Taxifahrer über Bauten, Restaurierungen, Straßenzustände und Arbeitslosigkeit. Dann ließ er sich dort absetzen, wo er mit an Sicherheit grenzender Wahrscheinlichkeit den Schauplatz der Geschichte vermutete. Er gönnte sich nur einen kurzen Spaziergang den Fluss entlang. War der schon heller? Bräuner als die Flüsse des Westens jedenfalls nicht mehr. Was aber noch nichts besagen musste.

Durst regte sich. Der war ja auch das Urmotiv der Anwesenheit. Der Trinker sah einen einladenden Gastgarten. Das Lokal führte einen italienischen Namen. Es war aber – der Gang auf die Toilette an der Küche vorbei, Hineinschauen und Zuhören genügten zur Wahrheitsfindung – fest in deutscher Hand. Zum Glück, muss man sagen. Da waren offenbar ein paar unternehmungslustige junge Leute nach Italien gefahren, hatten dort gut gegessen, sich Kochbücher gekauft, waren heimgefahren und hatten begonnen, manches davon zuzubereiten, was die sich als Köche ausgebenden Südländer entweder nie gekonnt oder längst verlernt hatten.

Der Trinker bestellte zuallererst die Weinkarte. Und da fand er sofort neben dem Üblichen aus Italien oder Frankreich die Weine von hier. Er wunderte sich über die Höhe der Preise für die heimischen Weine. Da die Karte, auch die für die Speisen, verriet, das Lokal kalkulierte vernünftig, mussten also schon die Einkaufspreise für den regionalen Wein ab Gut sehr hoch sein. Da müssen sie dann aber auch sehr gut sein, dachte der Trinker. Über die Qualität hatte die Erzählung des österreichischen Kabarettisten ja nichts ausgesagt. Nur über sentimentale Umstände.

Er bestellte eine Flasche. Der Blick einer hübschen, lässig gekleideten Studentin mit ständigem Nebenjob hier in diesem Lokal verriet Überraschung. Es schien selten zu sein, dass ein Gast diesen Wein trinken wollte.

Während der Trinker die Tagliatelle mit Rucola aß und dabei mit der ersten Flasche schon fast fertig wurde, dachte er, ich weiß warum. Der Wein war nämlich ordentlich. Ganz gut. Nicht schlecht. Durchaus trinkbar. Aber dafür viel zu teuer. Das ihm ansonsten verhasste Wort vom *Preis-Leistungs-Verhältnis* fiel ihm ein. Dass der Kabarettist die zwei Flaschen damals überzahlt hatte, war einsehbar. Aber warum ich? Und was wohl jetzt die Kollegen des Kabarettisten tranken? Wieder nicht den eigenen Wein?

Er aß ein Ossobuco, trank dazu ein Glas Barolo, blickte auf die Weinberge und versuchte eine Antwort auf die Frage, was da schief lief und warum.

Er war wieder ganz Journalist. Und da schoss ihm plötzlich ein, das wäre doch ein schönes Thema für eine essayistische Reportage: die ökonomische Absurdität in den neuen Bundesländern, dargestellt anhand des Weinbaus, der Produktion und des Marketing. Er kämpfte doch gerade um den Posten des Ressortleiters im großen Nachrichtenmagazin, mit dieser Geschichte könnte er sich nachdrücklich empfehlen.

Er recherchierte und schrieb das Stück, dessen Erarbeitung ihm auch in seiner Eigenschaft als Weinfreund viel Wissenswertes bescherte.

Er hatte Erfolg. Zunächst in seinem Verlagshaus, ein Jahr darauf sogar als Preisträger einer Auszeichnung für originelle Arbeiten im Bereich des Wirtschaftsjournalismus.

Je öfter er danach erzählte, er habe diesen Preis eigentlich der Anregung durch eine Anekdote eines österreichischen Kabarettisten zu verdanken, desto größer wurde seine Lust, diesen Mann einmal kennen zu lernen. Aber wann immer er in Städten auf Plakatwände oder in Veranstaltungskalender sah, der Name des Kabarettisten tauchte nicht mehr auf. Schließlich musste er sich von Kollegen aus dem Feuilleton belehren lassen, der Mann sei vorzeitig abgetreten und habe sich in Umbrien ein kleines Weingut gekauft, mit der spinösen Begründung, bis zu seinem Ableben von Weltpolitik unabhängig sein zu wollen.

Die Ableitung

Der Interviewte saß dem Interviewer gegenüber. Der hatte einen Notizblock vor sich liegen und stellte ein kleines Tonbandgerät auf.

„Sie haben nichts dagegen, wenn ich – zur Sicherheit – aufzeichne?"

„Im Gegenteil. Da kommt es wenigstens nicht zu Missverständnissen."

Der Interviewer sah auf. Sehr kurz.

Scheiße, dachte der Interviewte. Jetzt habe ich ihn verärgert. Kann ich nicht mein blödes Maul halten? Aber das hätte bei dem ohnehin keinen Sinn. Das würde an der Einstellung dieses Herrn zu mir nichts ändern.

„Trinken Sie doch ruhig erst Ihren Kaffee." Das klang freundlich.

„Nein, bitte, legen Sie los. Kalter Kaffee macht schön."

Das ist nicht mein Ernst, so blöd kann man doch nicht sein, wie kann mir diese albernste aller Phrasen herausrutschen, wieso krampfe ich mich so ein, ist mir der Kerl wirklich so unsympathisch? Hoffentlich sagt er jetzt „noch schöner?", dann weiß ich, er ist ein noch größerer Trottel als ich.

Der Interviewer sagte es nicht. Er schien beim Wort „schön" nur leicht gestaunt zu haben.

„Ich möchte Sie nicht nur zu dem entscheidenden Punkt befragen, aber natürlich ist der der Aufhänger."

„Ist mir klar."

„Wollen Sie, dass wir damit beginnen? Gut."

Der Interviewer schaltete das Aufnahmegerät ein.

Sie saßen im abgetrennten Nebenraum des Kaffeehauses. Der Hauptraum war für die Tageszeit – es war mittlerer Vormittag – miserabel besucht.

Ich kann mir nicht helfen, ich finde die neuen Überzüge eigentlich schön, dachte der Interviewte. Er wusste, dass viele Leute der Szene das Kaffeehaus mieden, seit der Besitzer es gewagt hatte, ausmalen zu lassen und die zerschlissenen Überzüge zu ersetzen. „Sie beanspruchen den Dreck und die Schäbigkeit", hatte der Interviewte einem Funkreporter gesagt, der im renovierten Traditionslokal ein Stimmungsbild aufnahm. Das hatte der Beliebtheit des Interviewten bei den Kollegen einmal mehr nicht genützt.

„Sie sagen also, das Stück des großen Dichters ist faschistisch. Oder wie haben Sie es formuliert? Doch so, nicht?"

Der Professor stand vor der Tafel. Mit fester Stimme erklärte er: „$a^2 + b^2 = c^2$".

Das Klassenzimmer des Gymnasiums roch nach diesem widerwärtigen dunklen Bodenöl und nach Schülerangst. Der Professor aber, dessen Pullover, unter dem Sakko getragen, die Krawatte halb verdeckte, was der Schüler nie leiden konnte, war sich seiner Sache sicher.

Mit Recht, dachte der Interviewte, mit Recht.

Der Professor hatte doch Mathematik studiert. Während dieses Studiums hatte er die Sache mit c^2 erfahren. Er hatte das Studium abgeschlossen, konnte demnach bei seiner Abschlussprüfung über c^2 Auskunft geben, war danach berechtigt Mathematik zu lehren. Und so stand er vor uns, behielt auch nicht für sich, wie der Mann hieß, der zum ersten Mal festgestellt hatte, welche Quadrate aufgrund welchen Winkels addiert c^2 ergäben. Nein, er sagte uns den Namen mit der nahezu bedrohlichen Aufforderung ihn uns auch zu merken.

„Ich gebe gerne zu, so eine Bewertung, oder soll ich sagen: Verurteilung, ist rasch dahingesagt. Aber es ist natürlich nur das formelhafte Ende einiger Thesen.“

Der Interviewer fragte leicht lächelnd:

„Und zwar?“

Das hat den Professor definiert, dieses eine Wort, dieses eine Wort „Ableitung“. Später, als die Ableitungen schwieriger wurden und vom Schüler nicht mehr zu verstehen waren, blieb immer noch der Reiz des Wortes. Es verlieh dem Professor Sicherheit, er strahlte die Gewissheit aus, er würde die Ableitung auch heute, auch vor diesen neuen Schülern, aufschreiben und erklären können. Die Frage, was denn c^2 sei, interessierte den Schüler keine Spur, selbst die These, es würde sich aus a^2 und b^2 zusammensetzen, war ihm bis zu dem Punkt egal, an dem der Professor ankündigte, es ableiten zu wollen. Der Schüler war von Menschen umgeben, die Behauptungen aufstellten, Urteile fällten, Verbote und Empfehlungen aussprachen. Aber immer blieben sie ihm – selbst auf Rückfragen – die Ableitungen schuldig, falls sie sich nicht offensichtlich schon in den Angaben geirrt hatten. Der Schüler begriff nicht, warum er sich vor der Mathematikstunde nicht fürchtete. Gemessen an den Noten für seine Arbeiten hätte er zittern und beben müssen. Er tat es nicht. Er sah aufmerksam zu, wie der Professor die Formel an die Tafel schrieb und die Schüler aufforderte, mit ihm zu überprüfen, ob sie denn auch stimme. Der Schüler wusste natürlich genau, die Äußerung des Verdachtes, sie könne auch *nicht* stimmen, war nur ein Theatertrick. Aber gerade der ließ ihn wach sein.

„Sie werden noch nicht bestreiten wollen, dass …“, sagte der Interviewte und ergänzte den Satz mit einer seiner politischen Grundthesen.

„Da bin ich ganz Ihrer Meinung“, hörte er als Antwort, „nur ist mir nicht klar, wo Sie da einen Zusammenhang sehen.“

„Wiewohl ich befürchte, dass Sie meinetwegen keine Sondernummer herausbringen werden, versuche ich es.“

Der Interviewte ordnete den Begriff „Faschismus“. Es gebe einen historischen Fascismo, von dem sich etwa der Nationalsozialismus ableiten lasse, es gebe aber auch einen unhistorischen Faschismusbegriff, der die Totalität undifferenzierter Urteile, vor allem Verurteilungen, beschreibe. Er begann aus dem Kopf Passagen des Autors auf ihre politische Qualität zu untersuchen, er begann die Quadrate über dessen Urteilen zu bilden.

Der Professor stand da, mit der Kreide und diesem großen hölzernen Dreieck in Händen, und hatte Spaß an seiner Darbietung. Die Wortfolgen waren gut einstudiert, seit Jahren erprobt, die Haltung von Kreide und Dreieck war perfekt, die Stimme saß richtig, vermittelte nie den Eindruck von Unsicherheit, das Publikum hatte keine Veranlassung, das Interesse zu verlieren. Nach teils gezeichneten, teils gerechneten Umwegen stand auch für einen Schwachmatikus fest, die Formel stimmte. Ohne diese beweisende Ableitung des Professors wäre $a^2 + b^2 = c^2$ Anmaßung, Unterstellung, Schikane geblieben. Welchen Grund sollten Schüler gehabt haben, dem Mann zu glauben, hätte er nicht so exakt abgeleitet? So ernsthaft und doch vergnügt.

Der Interviewte begann aus dem Frühwerk des großen Dichters zu zitieren. Er konnte die Zitate präzise auswendig, er legte sie vor, quasi als Material einer ersten von drei Geraden, die zueinander in einem bestimmten Verhältnis stehen sollten. Der Interviewer wurde ungeduldig. Er drückte auf die Stopptaste seines Gerätes. Sein Einwurf kam übertrieben liebenswürdig. „Diese Passagen sind mir alle sehr geläufig, ich habe, wenn Sie mir die Anmerkung gestatten, über den Dichter dissertiert, ich will von Ihnen wissen, wie …“ Du liebe Zeit, dachte der Interviewte, der Mann ist ja nicht an meiner Beweiskette interessiert, er will mich nur widerlegen, der Unhaltbarkeit meiner Thesen überführen. Weil ich seinen Hausgott gekränkt habe, sein Idol, seinen Meister. Das ist kein Interview, das ist ein Prozess, dessen Urteilsbegründung in der Zeitung erscheinen soll.

Der Interviewte sagte: „Wenn Sie eine Behauptung von mir ablehnen, wenn Sie sie ungeheuerlich finden, dann müssen Sie mir die Chance geben, abzuleiten, wie ich dazu komme. An der nachträglichen Kürzung und damit Entstellung meiner Argumentation werde ich Sie nicht hindern können, Journalisten pflegen den Sachzwang Platzmangel ins Treffen zu führen, aber ich möchte wenigstens dieses Interview mit der Gewissheit beenden, *Ihnen*“ – der Interviewte sah dem Interviewer aufsässig ins Gesicht – „die Formel bewiesen zu haben.“

„Formel“, fragte der Interviewer, „wieso Formel?“

Der Interviewte verrührte übertrieben lange den Zucker im Kaffee: Wie erkläre ich dem Gegenüber, dass mein Urteil eine Formel ist? Ich rede mich in einen Wirbel. Wie komme ich da heraus?

Der Professor stand, wenn das Ergebnis feststand, wenn die Falle zugeschnappt war, eitel an der Rampe seiner Bildungsbühne und sagte nach allen erfolgreichen Ableitungen den immer gleichen Satz: „Quod erat demonstrandum, demonstravimus.“ Da schwang auch Stolz auf Pflichterfüllung mit. „Was zu beweisen war, haben wir bewiesen.“ Das *wir* war nobel, denn *er* hatte bewiesen, genauer gesagt, sein altgriechischer Textautor.

Es ist die *Columbo*-Dramaturgie, dachte der Interviewte. Natürlich. Da ist über die Jahre eine Fernsehserie ein zwischendurch sogar kultischer Erfolg, in der das Publikum zu Beginn sieht, wer der Mörder ist, auch wie er die Untat begeht, und in der der untersuchende Kriminalist vom ersten Augenzwinkern in der ersten Einstellung an keinen Zweifel daran lässt, die richtige Person zu verdächtigen. Alle Voraussetzungen für Langeweile wären gegeben. Die Langeweile tritt aber nicht ein, weil, in den geglückteren Folgen dieser wie Lehrstoff Jahr für Jahr wiederholten Endlosserie, die Ableitung amüsiert.

Der Interviewte versuchte sich wieder zu konzentrieren.

„Das mit der ‚Formel' ist mir so herausgerutscht. Ich hätte ‚These' sagen sollen. Wollen wir weitermachen?"

„Gerne." Der Interviewer war wieder sehr smart. Er drückte auf die Aufnahmetaste.

„Ich frage vielleicht anders: Sie haben mit Ihrem Urteil eine Position eingenommen, die von der literarischen Welt nicht geteilt wird. Gibt Ihnen das nicht zu denken?"

Der Interviewte verneinte, formulierte so eine Art von „Viel Feind, viel Ehr" und begann seinen Text aufzusagen. Er hatte äußerste Mühe sich zu konzentrieren, da in seinem Hirn eine zweite Tonspur ablief. Auf dieser Tonspur war der Text, den er dem Interviewer gerne gesagt, nach dem gefragt zu werden er sich gewünscht hätte.

„Wissen Sie, der Professor hat mein Leben entscheidend beeinflusst. Ich bin nämlich, wie ich Sie zu registrieren ersuche, nicht nur in der Lage Menschen zu hassen, die mir ums Verrecken etwas einreden wollen, die Größe eines Dichters zum Exempel, sondern auch gewillt Menschen über Gebühr zu verehren, wenn sie mir etwas beigebracht haben. Den Professor, Sie erinnern sich, ich habe von ihm erzählt, verehre ich nicht wegen des Lehrfaches Mathematik. Ich kann Mathematik fast so wenig ausstehen wie den von Ihnen so angebeteten großen Dichter. Was ich verehre, ist die Stilistik der Ableitung. Gehen wir vom Studienfach Leben aus. Da gilt es nachzudenken, Schlüsse zu ziehen. Da nützt mir, davon bin ich fest überzeugt, mein Trieb, das Gedachte in einer Formel enden zu lassen. Das Wort Form wie auch das Wort Formulierung haben mit dem Wort Formel genetisch zu tun. Ich formuliere also für mich eine Formel. So zum Beispiel mein Urteil über den von Ihnen – keineswegs geehrter Herr! – so bewunderten großen Dichter. Und dann sage ich mir, den Professor – ich habe von ihm erzählt, nicht wahr? – im Genick spürend, wem soll diese Formel einleuchten, wem etwas sagen, wen gar überzeugen, wenn ich die Ableitung nicht zwingend abzuleiten weiß? Sie hören eben ein Ergebnis dieser selbst auferlegten Verpflichtung. Sie entnehmen meiner Sicherheit, dass ich mehrfach nachgerechnet habe. Denn, und das hat der Professor auch getan, ich bedenke alle Möglichkeiten der Widerlegung allzeit mit. Der Professor hat diesen Jargon wahrscheinlich nicht beherrscht, aber ich sage Ihnen, ich habe den Pythagoras *drauf*. Schade, dass der Unterricht in Mathematik nicht bei dieser Formel geendet hat, ich hätte bald ein „Sehr gut" gehabt und behalten. Fairerweise teile ich Ihnen mit, mein Herr, der Sie mich zu interviewen sich gezwungen sehen, sei es meiner Meinung wegen, sei es aufgrund eines Auftrages Ihres vorgesetzten Redakteurs, dass meine späteren Leistungen auf dem Gebiet der Mathematik, ich erwähne hier vor allem die Integralrechnung, kein Interview gerechtfertigt hätten. Aber ich bin befugt, Ihnen ultimativ mitzuteilen:

Hass zum Quadrat + Sprache zum Quadrat = Totalitarismus zum Quadrat. Für Letzteren setze ich gerne den philosophischen Begriff ‚Faschismus' ein."

Mit dieser Formel mündete der gedachte Text in den tatsächlich gesprochenen. Der Interviewer sah von einem Blatt auf. Er hatte sich ein paar Randnotizen gemacht.

„Aber das sind doch keine literarischen Kriterien?"

„Sie wollten wissen, wie ich zu einem Urteil kommen konnte. Ich habe es Ihnen gesagt. Sie haben es auf Band. Die Sache mit dem rechten Winkel erkläre ich Ihnen ein anderes Mal. Anhand der Schulterstücke bei Uniformen."

Der Interviewte schien einen randpathologischen Wutanfall nur mühsam zu beherrschen. Offenbar war er schwer cholerisch.

„Einmal noch! Für Sie! Für Ihren weiteren Lebensweg! $e^2 + f^2 = g^2$. Ich werde Ihnen jetzt ableiten, warum. Und ich bitte Sie flehentlich, meine Ableitung auf Band aufzunehmen und nicht mitzuschreiben, denn wiewohl nicht übermäßig kompliziert, ist die Ableitung natürlich auch offen für Fehler in der Wiedergabe. Dann formuliere ich, den Stolz auf meine mnemotechnische Perfektion nur mühsam verbergend, meine Ableitung. Zeile für Zeile, Strich für Strich, Zahl für Zahl. Ich trete den Beweis an, dass es – innerhalb des mir zur Verfügung stehenden und möglicherweise von einem Teufel implantierten Koordinatensystems – nur so sein *kann,* dass das Quadrat über g sich aus den Quadraten über e und f zusammensetzt. Und wenn ich zum Schluss bei der Wiederholung der Formel bin, der nackten Wiederholung meiner Eingangsbehauptung, sage ich – am Ende der Atemsäule, aber immer noch nicht atemlos –: Quod erat demonstrandum, demonstravimus.

Ich sage das natürlich nicht auf Lateinisch und mit ganz anderen Worten, wie sich ja auch das Interview nicht ernstlich mit den Quadraten über den Geraden e, f und g befasst hat. Aber ich sage etwas, das auch lauten könnte: So rechne ich und ich kann nicht anders. Kurz, es ist eine kleine Verbeugung vor der Dramaturgie des Professors.

Sie werden morgen schreiben: Er hält g^2 für die Summe aus den Quadraten über e und f. Mit der ihm eigenen Überheblichkeit behauptet er, das beweisen zu können und rettet sich, seinen Bildungsdünkel penetrant auslebend, in die Enge getrieben, noch in lateinische Floskeln!

Kaum lese ich das, wird mir einfallen, wie die während des Satzes ‚Quod erat demonstrandum' nur leicht spöttischen Augen des Gesprächspartners, also Ihre, geradezu Ekel ausdrückten, als das ‚demonstravimus' folgte. Diese snobistische Mitteilung, einerseits das Perfekt noch bilden zu können, andererseits ein *Wir*-Gefühl entstehen zu lassen, Sie, den Medienmenschen, in die Ableitung einer kühnen These mit hineinziehen zu wollen, löst bei Ihnen Abscheu aus. Diese schlägt sich dann journalistisch nieder. Handelt es sich um eine audiovisuelle Wiedergabe meiner Formel, dann wird die Ableitung und das diese abschließende ‚daraus folgt' so von $e^2 + f^2 = g^2$ weggeschnitten, dass der Schnitt quer durch den Atem geht. Wodurch der Sprechduktus unsouverän wird.

Daher sage ich jetzt mit der Sicherheit des Pythagoras und der sonoren Stimme des Professors: Der heute gepflogene Journalismus ist gleich Pest plus Scheiße. Die Ableitung ist gegen Honorar bei mir bestellbar.

Selbstverständlich ist die Formel *Der heute gepflogene Journalismus ist gleich Pest plus Scheisse* falsifizierbar. Die Ableitung berücksichtigt Argumente wie Blatttypus, Blattlinie, Umbruch, Medienkonkurrenz, Sendungsformat, Programmschema usf. usf. nicht. Gehört doch zum Dreieck Interviewer – Interviewter noch die dritte Gerade. Mittels dieser ist möglicherweise – nicht von mir – auch die Formel beweisbar: Journalisten sind Opfer. Daraus wäre wiederum abzuleiten: Der Interviewte ist Opfer in dem Maße, in dem der Interviewer Opfer ist. Ich höre unseren Vorzugsschüler ungefragt, aber laut, rufen: Kommunizierende Gefäße!"

Der Interviewer hatte längst die Stopptaste gedrückt, mit immer größerem Befremden und schließlich nur mehr gelangweilt zugehört. Jetzt rief er „Zahlen!" und wandte sich danach noch einmal zum Interviewten:

„Stehen Sie unter Drogen? Sie können es ruhig sagen, wir schreiben so etwas grundsätzlich nicht. Oder sind Sie in ärztlicher Behandlung?"

„Weder noch."

„Das wundert mich."

Er zahlte, grüßte korrekt und ging.

Tags darauf las der Interviewte:

„... Man soll den jüngst so heftig diskutierten Äußerungen dieses Mannes keine Bedeutung zumessen. Erstens sind seine Urteile gänzlich unfundiert, nur affektiv dahergesagt, zweitens ist er, was das angesprochene Thema anlangt, zweifelsfrei paranoid. Durchaus auch denkbar, so des Interviewers Gefühl im Nachhinein, dass er seinen ihm immanenten Faschismus mathematisch sublimiert und so ..."

Der Interviewte wankte, die Zeitung in der Seitentasche seines Jacketts, sturzbesoffen schon am helllichten Vormittag, zu seiner alten Schule, hielt sich mit beiden Händen am schmiedeeisernen Vorgartenzaun fest, glotzte über die zurückgeschnittene Rotbuche hinweg zu den Fenstern des zweiten Stockes hinauf, wo er hinter dem mittleren den Kopf des Professors wahrzunehmen meinte.

„Demonstravimus?", fragte er hinauf. „Demonstravimus?"

ZEITSPIEL
Erzählungen, Feuilletons, Chansons, Aphorismen

„Hier ‚outet' sich ein Mann, der seine Einsichten in die Welt und die Zeit mit Intelligenz und Witz zu formulieren weiß. Ein Mann auf der Höhe der Zeit. Wir sollten uns die Zeit nehmen zu lesen."

KÖLNISCHE RUNDSCHAU

„In Feuilletons, Erzählungen, Polemiken, Momentaufnahmen und Gedichten entlarvt er menschliche Unzulänglichkeiten mit bös schillernder Brillanz, mit schmerzlich gestochener Ironie ... und gibt schließlich Einblick in seine ganz intime Befindlichkeit."

ABENDZEITUNG, München

„Überraschend für den, der Werner Schneyder nur von der Bühne kennt, mögen die acht Erzählungen sein, die der Band enthält ... In allen brilliert der Autor mit einem Grundton funkelnder Ironie und einer höchst kultivierten und sublimen Sprache, die selten geworden ist in unserer heutigen Literatur."

MDR

SCHREIBZEIT
Kabaretttexte und -lieder, politische Glossen und Aphorismen

„Hierin zeigt er sich erneut als Meister der kleinen Form mit tiefem Inhalt. Satz für Satz, Wort für Wort, stellt Schneyder in griffiger und bildhafter Slogan-Qualität Zeitgeist und geistarme Zeit bloß."

AUGSBURGER ALLGEMEINE

„Er setzt sie alle mit seinen brillanten Formulierungen schachmatt … Die Bühne des Werner Schneyder ist jetzt der Schreibtisch, sein Programm ‚Schreibzeit' – mal Florett, mal schwerer Säbel, doch immer scharf und pointiert."

KURIER, Wien

„Das Lachen bei seinen geschliffenen Texten bleibt zwar oft im Halse stecken. Doch auch der Humor-Fan kommt auf seine Kosten."

WESTDEUTSCHE ALLGEMEINE ZEITUNG

REIMZEIT
Verse und Gedichte

„Formal gesehen konservativ reimend, verdichtet Schneyder die scheinbaren Nebensächlichkeiten des Lebens (das Wetter, das Angeln, ein Rehfilet ...) zu großen Themen. Und die großen Themen (Liebe, Gott und Tod ...) bannt er in die kleine Form."

WIENER ZEITUNG

„Wie genüsslich Schneyder mit der Sprache umzugehen versteht, illustrieren diese gesammelten Momentaufnahmen ebenso wie das feine Sensorium des Autors für falsche Töne."

KLEINE ZEITUNG, Graz

„Denn natürlich gibt's auch in den Gedichten immer wieder mal bissige Zeitkritik, spöttische Demontagen oder ketzerische Statements ... das arrogante Maul kann Werner Schneyder halt auch im Reim nicht halten, und das ist gut so."

DONAUKURIER